Friedrich Schiller

# Kabale und Liebe

Herausgegeben
und kommentiert von
Hans-Georg Schede



Schroedel
westermann

Friedrich Schiller (1759–1805). Das 30 × 23,3 cm große Gemälde ist das früheste Porträt Schillers in Ölfarben. Es ist um 1780 entstanden und wird Jakob Friedrich Weckherlin (1761–1814) zugeschrieben, einem Mitschüler Schillers an der Hohen Karlsschule (vgl. S. 151) und späteren württembergischen Hofmaler in Stuttgart.

Friedrich Schiller

# Kabale und Liebe

Ein bürgerliches Trauerspiel
in fünf Aufzügen

*Erläuterungen zum Personenverzeichnis* → Seite 137

# Personen

**Präsident von Walter,** *am Hof eines deutschen Fürsten.*
**Ferdinand,** *sein Sohn, Major.*
**Hofmarschall von Kalb.**
**Lady Milford,** *Favoritin des Fürsten.*
**Wurm,** *Haussekretär des Präsidenten.*
**Miller,** *Stadtmusikant, oder wie man sie an einigen Orten nennt, Kunstpfeifer.*
**Dessen Frau.**
**Louise,** *dessen Tochter.*
**Sophie,** *Kammerjungfer der Lady.*
Ein Kammerdiener des Fürsten.
Verschiedene Nebenpersonen.

# Erster Akt

## Erste Szene

*Zimmer beim Musikus.*

*Musikus* bereits zu Schillers Zeiten veraltete Bezeichnung für ›Musiker‹

**Miller** *steht eben vom Sessel auf, und stellt sein Violoncell auf die Seite. An einem Tisch sitzt* **Frau Millerin** *noch im Nachtgewand, und trinkt ihren Kaffee.*

*seine Violoncell* sein Violoncello (Cello)

**Miller** *schnell auf und abgehend.* Einmal für allemal. Der Handel wird ernsthaft. Meine Tochter kommt mit dem Baron ins Geschrei. Mein Haus wird verrufen. Der Präsident bekommt Wind, und – kurz und gut, ich biete dem Junker aus.

*Anmerkungen zu den Zeilen 13–26* → Seite 137

**Frau.** Du hast ihn nicht in dein Haus geschwatzt – hast ihm deine Tochter nicht nachgeworfen.

**Miller.** Hab ihn nicht in mein Haus geschwatzt – hab ihm's Mädel nicht nachgeworfen; wer nimmt Notiz davon? – Ich war Herr im Haus. Ich hätt meine Tochter mehr koram nehmen sollen. Ich hätt dem Major besser auftrumpfen sollen – oder hätt gleich alles Seiner Exzellenz dem Herrn Papa stecken sollen. Der junge Baron bringt's mit einem Wischer hinaus, das muss ich wissen, und alles Wetter kommt über den Geiger.

**Frau** *schlürft eine Tasse aus.* Possen! Geschwätz! Was kann über dich kommen? Wer kann dir was anhaben? Du gehst deiner Profession nach, und raffst Scholaren zusammen, wo sie zu kriegen sind.

*Anmerkungen zu den Zeilen 27–33* → Seite 137

**Miller.** Aber, sag mir doch, was wird bei dem ganzen Kommerz auch herauskommen? – Nehmen kann er das Mädel nicht – Vom Nehmen ist gar die Rede nicht, und zu einer

Anmerkungen zu den Zeilen 1–12 → Seiten 137 f.

dass Gott erbarm? – Guten Morgen! – Gelt, wenn so ein Musje von, sich da und dort, und dort und hier schon herumbeholfen hat, wenn er, der Henker weiß was als? gelös't hat, schmeckt's meinem guten Schlucker freilich, einmal auf süß Wasser zu graben. Gib du acht! gib du acht! und wenn du aus jedem Astloch ein Auge strecktest, und vor jedem Blutstropfen Schildwache ständest, er wird sie, dir auf der Nase, beschwatzen, dem Mädel eins hinsetzen, und führt sich ab, und das Mädel ist verschimpfiert auf ihr Lebenlang, bleibt sitzen, oder hat's Handwerk verschmeckt, treibt's fort. *Die Faust vor die Stirn.* Jesus Christus!

**Frau.** Gott behüt uns in Gnaden!

Anmerkungen zu den Zeilen 14–24 → Seite 138

**Miller.** Es hat sich zu behüten. Worauf kann so ein Windfuß wohl sonst sein Absehen richten? – Das Mädel ist schön – schlank – führt seinen netten Fuß. Unterm Dach mag's aussehen, wie's will. Darüber kuckt man bei euch Weibsleuten weg, wenn's nur der liebe Gott parterre nicht hat fehlen lassen – Stöbert mein Springinsfeld erst noch dieses Kapitel aus – heh da! geht ihm ein Licht auf, wie meinem Rodney, wenn er die Witterung eines Franzosen kriegt, und nun müssen alle Segel dran, und drauf los, und – ich verdenk's ihm gar nicht. Mensch ist Mensch. Das muss ich wissen.

Anmerkungen zu den Zeilen 25–33 → Seite 138

**Frau.** Solltest nur die wunderhübsche Billetter auch lesen, die der gnädige Herr an deine Tochter als schreiben tut. Guter Gott! Da sieht man's ja sonnenklar, wie es ihm pur um ihre schöne Seele zu tun ist.

**Miller.** Das ist die rechte Höhe. Auf den Sack schlagt man; den Esel meint man. Wer einen Gruß an das liebe Fleisch zu bestellen hat, darf nur das gute Herz Boten gehen lassen. Wie hab ich's gemacht? Hat man's nur erst so weit im Reinen, dass die Gemüter topp machen, wutsch! nehmen die Körper ein Exempel; das Gesind macht's der Herrschaft nach und der silberne Mond ist am End nur der Kuppler gewesen.

Anmerkungen zu den Zeilen 1–15 → Seiten 138 f.

**Frau.** Sieh doch nur erst die prächtigen Bücher an, die der Herr Major ins Haus geschafft haben. Deine Tochter betet auch immer draus.

**Miller** *pfeift.* Hui da! Betet! Du hast den Witz davon. Die rohe Kraftbrühen der Natur sind Ihro Gnaden zartem Makronenmagen noch zu hart. – Er muss sie erst in der höllischen Pestilenzküche der Bellatristen künstlich aufkochen lassen. Ins Feuer mit dem Quark. Da saugt mir das Mädel – weiß Gott was als für? – überhimmlische Alfanzereien ein, das läuft dann wie spanische Mucken ins Blut und wirft mir die Handvoll Christentum noch gar auseinander, die der Vater mit knapper Not so so noch zusammenhielt. Ins Feuer sag ich. Das Mädel setzt sich alles Teufelsgezeug in den Kopf; über all dem Herumschwänzen in der Schlaraffenwelt findet's zuletzt seine Heimat nicht mehr, vergisst, schämt sich, dass sein Vater Miller der Geiger ist, und verschlägt mir am End einen wackern ehrbaren Schwiegersohn, der sich so warm in meine Kundschaft hineingesetzt hätte – – Nein! Gott verdamm mich. *Er springt auf, hitzig.* Gleich muss die Pastete auf den Herd, und dem Major – ja ja dem Major will ich weisen, wo Meister Zimmermann das Loch gemacht hat. *Er will fort.*

Anmerkungen zu den Zeilen 17–32 → Seiten 139 f.

**Frau.** Sei artig Miller. Wie manchen schönen Groschen haben uns nur die Präsenter – –

**Miller** *kommt zurück und bleibt vor ihr stehen.* Das Blutgeld meiner Tochter? – Schier dich zum Satan infame Kupplerin! – Eh will ich mit meiner Geig' auf den Bettel herumziehen, und das Konzert um was Warmes geben – eh will ich mein Violoncello zerschlagen, und Mist im Sonanz-

Anmerkungen zu den Zeilen 1–21 → Seite 140

boden führen, eh ich mir's schmecken lass von dem Geld, das mein einziges Kind mit Seel und Seligkeit abverdient. – Stell den vermaledeiten Kaffee ein, und das Tobakschnupfen, so brauchst du deiner Tochter Gesicht nicht zu Markt zu treiben. Ich hab mich satt gefressen, und immer ein gutes Hemd auf dem Leib gehabt, eh so ein vertrackter Tausendsassa in meine Stube geschmeckt hat.

**Frau.** Nur nicht gleich mit der Tür ins Haus. Wie du doch den Augenblick in Feuer und Flammen stehst! Ich sprech ja nur, man müss den Herrn Major nicht disguschtüren, weil Sie des Präsidenten Sohn sind.

**Miller.** Da liegt der Has im Pfeffer. Darum, just eben darum, muss die Sach noch heut auseinander. Der Präsident muss es mir Dank wissen, wenn er ein rechtschaffener Vater ist – Du wirst mir meinen roten plüschenen Rock ausbürsten, und ich werde mich bei Seiner Exzellenz anmelden lassen. Ich werde sprechen zu Seiner Exzellenz: Dero Herr Sohn haben ein Aug auf meine Tochter; meine Tochter ist zu schlecht zu Dero Herrn Sohnes Frau, aber zu Dero Herrn Sohnes Hure ist meine Tochter zu kostbar, und damit basta! – Ich heiße Miller.

## Zweite Szene

*Sekretär* **Wurm.** *Die* **Vorigen.**

Anmerkungen zu den Zeilen 28–32 → Seite 140

**Frau.** Ah guten Morgen, Herr Sekertare. Hat man auch einmal wieder das Vergnügen von Ihnen?

**Wurm.** Meinerseits, meinerseits, Frau Base. Wo eine Kavaliersgnade einspricht, kommt mein bürgerliches Vergnügen in gar keine Rechnung.

**Frau.** Was Sie nicht sagen, Herr Sekertare! Des Herrn Majors von Walter hohe Gnaden machen uns wohl je und je das Bläsier, doch verachten wir darum niemand.

Anmerkungen zu den Zeilen 1–18 → Seite 140

**Miller** *verdrüßlich.* Dem Herrn einen Sessel, Frau. Wollen's ablegen, Herr Landsmann?

**Wurm** *legt Hut und Stock weg, setzt sich.* Nun! Nun! Und wie befindet sich denn meine Zukünftige – oder Gewesene? – Ich will doch nicht hoffen – kriegt man sie nicht zu sehen. – Mamsell Louisen?

**Frau.** Danken der Nachfrage Herr Sekertare. Aber meine Tochter ist doch gar nicht hochmütig.

**Miller** *ärgerlich, stößt sie mit dem Ellnbogen.* Weib!

**Frau.** Bedauern's nur, dass sie die Ehre nicht haben kann vom Herrn Sekertare. Sie ist eben in die Mess, meine Tochter.

**Wurm.** Das freut mich, freut mich. Ich werd einmal eine fromme christliche Frau an ihr haben.

**Frau** *lächelt dumm-vornehm.* Ja – aber Herr Sekertare –

**Miller** *in sichtbarer Verlegenheit kneipt sie in die Ohren.* Weib!

**Frau.** Wenn Ihnen unser Haus sonst irgendwo dienen kann – Mit allem Vergnügen Herr Sekertare –

**Wurm** *macht falsche Augen.* Sonst irgendwo! Schönen Dank! Schönen Dank – Hem! hem! hem!

**Frau.** Aber – wie der Herr Sekertare selber die Einsicht werden haben –

**Miller** *voll Zorn seine Frau vor den Hintern stoßend.* Weib!

**Frau.** Gut ist gut, und besser ist besser, und einem einzigen Kind mag man doch auch nicht vor seinem Glück sein. *Bäurisch-stolz.* Sie werden mich je doch wohl merken Herr Sekertare?

Anmerkungen zu den Zeilen 28–32 → Seite 141

**Wurm** *rückt unruhig im Sessel, kratzt hinter den Ohren und zupft an Manschetten und Jabot.* Merken? Nicht doch – O ja – wie meinen Sie denn?

*Anmerkungen zu den Zeilen 2–17 → Seite 141*

**Frau.** Nu – Nu – ich dächte nur – ich meine *hustet* weil eben halt der liebe Gott meine Tochter barrdu zur gnädigen Madam will haben –

**Wurm** *fährt vom Stuhl.* Was sagen Sie da? Was?

**Miller.** Bleiben sitzen! Bleiben sitzen Herr Sekretarius. Das Weib ist eine alberne Gans. Wo soll eine gnädige Madam herkommen? Was für ein Esel streckt sein Langohr aus diesem Geschwätze?

**Frau.** Schmäl du solang du willst. Was ich weiß, weiß ich – und was der Herr Major gesagt hat, das hat er gesagt.

**Miller** *aufgebracht, springt nach der Geige.* Willst du dein Maul halten? Willst das Violoncello am Hirnkasten wissen? – Was kannst du wissen? Was kann er gesagt haben? – Kehren sich an das Geklatsch nicht Herr Vetter – Marsch du in deine Küche – Werden mich doch nicht für des Dummkopfs leiblichen Schwager halten, dass ich obenaus woll mit dem Mädel? Werden doch das nicht von mir denken Herr Sekretarius?

**Wurm.** Auch hab ich es nicht um Sie verdient Herr Musikmeister. Sie haben mich jederzeit den Mann von Wort sehen lassen, und meine Ansprüche auf Ihre Tochter waren so gut, als unterschrieben. Ich habe ein Amt das seinen guten Haushälter nähren kann, der Präsident ist mir gewogen, an Empfehlungen kann's nicht fehlen, wenn ich mich höher poussieren will. Sie sehen, dass meine Absichten auf Mamsell Louisen ernsthaft sind, wenn sie vielleicht von einem adeligen Windbeutel herumgeholt – –

*Anmerkungen zu den Zeilen 23–33 → Seite 141*

**Frau.** Herr Sekertare Wurm! Mehr Respekt, wenn man bitten darf –

**Miller.** Halt du dein Maul sag ich – Lassen Sie es gut sein, Herr Vetter. Es bleibt beim Alten. Was ich Ihnen verwichenen Herbst zum Bescheid gab, bring ich heut wieder.

Ich zwinge meine Tochter nicht. Stehen Sie ihr an – wohl und gut, so mag sie zusehen, wie sie glücklich mit Ihnen wird. Schüttelt sie den Kopf – noch besser – – in Gottes Namen wollt ich sagen – so stecken Sie den Korb ein, und trinken eine Bouteille mit dem Vater – Das Mädel muss mit Ihnen leben – ich nicht – warum soll ich ihr einen Mann, den sie nicht schmecken kann, aus purem klarem Eigensinn an den Hals werfen? – Dass mich der böse Feind in meinen eisgrauen Tagen noch wie sein Wildbret herumhetze – dass ich's in jedem Glas Wein zu saufen – in jeder Suppe zu fressen kriege: Du bist der Spitzbube, der sein Kind ruiniert hat!

Anmerkungen zu den Zeilen 1–17 → Seite 141

**Frau.** Und kurz und gut – ich geb meinen Konsens absolut nicht; meine Tochter ist zu was Hohem gemünzt, und ich lauf in die Gerichte, wenn mein Mann sich beschwatzen lässt.

**Miller.** Willst du Arm und Bein entzwei haben, Wettermaul?

**Wurm** *zu Millern.* Ein väterlicher Rat vermag bei der Tochter viel, und hoffentlich werden Sie mich kennen, Herr Miller?

**Miller.** Dass dich alle Hagel! 's Mädel muss Sie kennen. Was ich alter Knasterbart an Ihnen abkucke, ist just kein Fressen fürs junge naschhafte Mädel. Ich will Ihnen aufs Haar hin sagen, ob Sie ein Mann fürs Orchester sind – aber eine Weiberseel ist auch für einen Kapellmeister zu spitzig. – Und dann von der Brust weg, Herr Vetter – ich bin halt ein plumper gerader teutscher Kerl – für meinen Rat würden Sie sich zuletzt wenig bedanken. Ich rate meiner Tochter zu keinem – aber Sie missrat ich meiner Tochter, Herr Sekretarius. Lassen mich ausreden. Einem Liebhaber, der den Vater zu Hilfe ruft, trau ich – erlauben Sie, – keine hohle Haselnuss zu. Ist er was, so wird er sich schämen, seine Talente durch diesen altmodischen

Anmerkungen zu den Zeilen 22–33 → Seite 142

Anmerkungen zu den Zeilen 1–13 → Seite 142

Kanal vor seine Liebste zu bringen – Hat er's Courage nicht, so ist er ein Hasenfuß, und für den sind keine Louisen gewachsen – – Da! hinter dem Rücken des Vaters muss er sein Gewerb an die Tochter bestellen. Machen muss er, dass das Mädel lieber Vater und Mutter zum Teufel wünscht, als ihn fahren lässt – oder selber kommt, dem Vater zu Füßen sich wirft, und sich um Gottes willen den schwarzen gelben Tod, oder den Herzeinzigen ausbittet, – Das nenn ich einen Kerl! Das heißt lieben! – und wer's bei dem Weibsvolk nicht so weit bringt, der soll – – auf seinem Gänsekiel reiten.

**Wurm** *greift nach Hut und Stock, und zum Zimmer hinaus.* Obligation, Herr Miller.

**Miller** *geht ihm langsam nach.* Für was? Für was? Haben Sie ja doch nichts genossen, Herr Sekretarius. *Zurückkommend.* Nichts hört er und hin zieht er – – Ist mir's doch wie Gift und Operment, wenn ich den Federnfuchser zu Gesichte krieg. Ein konfiszierter widriger Kerl, als hätt ihn irgendein Schleichhändler in die Welt meines Herrgotts hineingeschachert – Die kleinen tückischen Mausaugen – die Haare brandrot – das Kinn herausgequollen, gerade als wenn die Natur für purem Gift über das verhunzte Stück Arbeit meinen Schlingel da angefasst, und in irgendeine Ecke geworfen hätte – Nein! Eh ich meine Tochter an so einen Schuft wegwerfe, lieber soll sie mir – Gott verzeih mir's –

Anmerkungen zu den Zeilen 17–32 → Seite 142

**Frau** *spuckt aus, giftig.* Der Hund! – Aber man wird dir 's Maul sauber halten.

**Miller.** Du aber auch mit deinem pestilenzialischen Junker – Hast mich vorhin auch so in Harnisch gebracht – Bist doch nie dummer, als wenn du um Gottes willen gescheit sein solltest. Was hat das Geträtsch von einer gnädigen Madam und deiner Tochter da vorstellen sollen? Das ist mir der Alte. Dem muss man so was an die Nase heften, wenn's morgen am Marktbrunnen ausgeschellt sein soll. Das ist just so ein Musje, wie sie in der Leute Häusern herumriechen, über Keller und Koch räsonnieren, und springt einem ein nasenweises Wort über's Maul – Bumbs! haben's Fürst und Matress und Präsident, und Du hast das siedende Donnerwetter am Halse.

*Anmerkungen zu den Zeilen 1–6* → Seite 143

## Dritte Szene

**Louise Millerin** *kommt, ein Buch in der Hand.* **Vorige.**

**Louise** *legt das Buch nieder, geht zu Millern und drückt ihm die Hand.* Guten Morgen lieber Vater.

**Miller** *warm.* Brav meine Louise – Freut mich, dass du so fleißig an deinen Schöpfer denkst. Bleib immer so, und sein Arm wird dich halten.

**Louise.** O ich bin eine schwere Sünderin, Vater – War er da Mutter?

**Frau.** Wer mein Kind?

**Louise.** Ah! ich vergaß, dass es noch außer ihm Menschen gibt – Mein Kopf ist so wüste – Er war nicht da? Walter?

*wüste* verwirrt

**Miller** *traurig und ernsthaft.* Ich dachte, meine Louise hätte den Namen in der Kirche gelassen?

**Louise** *nachdem sie ihn eine Zeitlang starr angesehen.* Ich versteh Ihn Vater – fühle das Messer, das Er in mein Gewissen stößt; aber es kommt zu spät. – Ich hab keine Andacht mehr Vater – der Himmel und Ferdinand reißen an meiner blutenden Seele, und ich fürchte – ich fürchte – *Nach einer Pause.* Doch nein, guter Vater. Wenn wir ihn über dem Gemälde vernachlässigen, findet sich ja der Künstler am feinsten gelobt. – Wenn meine Freude über

*über dem Gemälde* über bzw. bei der Betrachtung des Gemäldes

ergötzen erfreuen

gottlosen Lesen gemeint ist das Lesen von vermeintlich amoralischen Romanen

schlechtes einfaches, schlichtes

Damit genügte mir Das würde mir genügen

Vater der Liebenden Gott

Pulse Pulsschläge

Wallung Aufwallung des Blutes, Erregung

lispelte hier: flüsterte

sein Meisterstück mich ihn selbst übersehen macht, Vater, muss das Gott nicht ergötzen?

**Miller** *wirft sich unmutig in den Stuhl.* Da haben wir's! Das ist die Frucht von dem gottlosen Lesen.

**Louise** *tritt unruhig an ein Fenster.* Wo er wohl jetzt ist? – Die vornehmen Fräulein, die ihn sehen – ihn hören – – ich bin ein schlechtes vergessenes Mädchen. *Erschrickt an dem Wort, und stürzt ihrem Vater zu.* Doch nein! nein! verzeih Er mir. Ich beweine mein Schicksal nicht. Ich will ja nur wenig – – an ihn denken – das kostet ja nichts. Dies bisschen Leben – dürft ich es hinhauchen in ein leises schmeichelndes Lüftchen, sein Gesicht abzukühlen! – Dies Blümchen Jugend – wär es ein Veilchen, und er träte drauf, und es dürfte bescheiden unter ihm sterben! – Damit genügte mir Vater. Wenn die Mücke in ihren Strahlen sich sonnt – kann sie das strafen, die stolze majestätische Sonne?

**Miller** *beugt sich gerührt an die Lehne des Stuhls, und bedeckt das Gesicht.* Höre Louise – Das bissel Bodensatz meiner Jahre, ich gäb es hin, hättest du den Major nie gesehen.

**Louise** *erschrocken.* Was sagt Er da? Was? – Nein! er meint es anders der gute Vater. Er wird nicht wissen, dass Ferdinand mein ist, mir geschaffen, mir zur Freude vom Vater der Liebenden. *Sie steht nachdenkend.* Als ich ihn das erste Mal sah – *rascher* und mir das Blut in die Wangen stieg, froher jagten alle Pulse, jede Wallung sprach, jeder Atem lispelte: Er ist's, und mein Herz den Immermangelnden erkannte, bekräftigte, Er ist's, und wie das widerklang durch die ganze mitfreuende Welt. Damals – o damals ging in meiner Seele der erste Morgen auf. Tausend junge Gefühle schossen aus meinem Herzen, wie die Blumen aus dem Erdreich, wenn's

Frühling wird. Ich sah keine Welt mehr, und doch besinn ich mich, dass sie niemals so schön war. Ich wusste von keinem Gott mehr, und doch hatt ich ihn nie so geliebt.

**Miller** *eilt auf sie zu, drückt sie wider seine Brust.* Louise – teures – herrliches Kind – Nimm meinen alten mürben Kopf – nimm alles – alles! – den Major – Gott ist mein Zeuge – ich kann dir ihn nimmer geben. *Er geht ab.*

*wider* gegen

**Louise.** Auch will ich ihn ja jetzt nicht mein Vater. Dieser karge Tautropfe Zeit – schon ein Traum von Ferdinand trinkt ihn wollüstig auf. Ich entsag ihm für dieses Leben. Dann, Mutter – dann, wenn die Schranken des Unterschieds einstürzen – wenn von uns abspringen all die verhasste Hülsen des Standes – Menschen nur Menschen sind – Ich bringe nichts mit mir, als meine Unschuld, aber der Vater hat ja so oft gesagt, dass der Schmuck und die prächtigen Titel wohlfeil werden wenn Gott kommt, und die Herzen im Preise steigen. Ich werde dann reich sein. Dort rechnet man Tränen für Triumphe, und schöne Gedanken für Ahnen an. Ich werde dann vornehm sein Mutter – Was hätte er dann noch für seinem Mädchen voraus?

*Dieser karge Tautropfe Zeit* Dieses kurze Leben

*Hülsen* bildlich für: Einschränkungen, Zwänge

*wohlfeil* günstig zu haben

*für* hier: vor

**Frau** *fährt in die Höhe.* Louise! Der Major! Er springt über die Planke. Wo verberg ich mich doch?

*springt* hier: läuft, rennt

**Louise** *fängt an zu zittern.* Bleib Sie doch Mutter.

**Frau.** Mein Gott! Wie seh ich aus. Ich muss mich ja schämen. Ich darf mich nicht vor Seiner Gnaden so sehen lassen. *Ab.*

*die Planke* Name einer Hauptstraße in Mannheim

## Vierte Szene

**Ferdinand von Walter. Louise.**

*Er fliegt auf sie zu – sie sinkt entfärbt und matt auf einen Sessel – er bleibt vor ihr stehn – sie sehen sich eine Zeitlang stillschweigend an. Pause.*

**Ferdinand.** Du bist blass Louise?

**Louise** *steht auf und fällt ihm um den Hals.* Es ist nichts. Nichts. Du bist ja da. Es ist vorüber.

**Ferdinand** *ihre Hand nehmend und zum Munde führend.* Und liebt mich meine Louise noch? Mein Herz ist das gestrige, ist's auch das deine noch? Ich fliege nur her, will sehn ob du heiter bist, und gehn und es auch sein – Du bist's nicht.

**Louise.** Doch, doch, mein Geliebter.

**Ferdinand.** Rede mir Wahrheit. Du bist's nicht. Ich schaue durch deine Seele, wie durch das klare Wasser dieses Brillanten. *Er zeigt auf seinen Ring.* Hier wirft sich kein Bläschen auf, das ich nicht merkte – kein Gedanke tritt in dies Angesicht, der mir entwischte. Was hast du? Geschwind! Weiß ich nur diesen Spiegel helle, so läuft keine Wolke über die Welt. Was bekümmert dich?

*bedeutend* ernst, vielsagend

**Louise** *sieht ihn eine Weile stumm und bedeutend an, dann mit Wehmut.* Ferdinand! Ferdinand! Dass du doch wüsstest, wie schön in dieser Sprache das bürgerliche Mädchen sich ausnimmt –

*sich ausnimmt* wirkt, sich darstellt

**Ferdinand.** Was ist das? *Befremdet.* Mädchen! Höre! Wie kommst du auf das? – Du bist meine Louise! Wer sagt dir, dass du noch etwas sein solltest. Siehst du Falsche, auf welchem Kaltsinn ich dir begegnen muss. Wärest du ganz nur Liebe für mich, wann hättest du Zeit gehabt

*auf welchem Kaltsinn ich dir begegnen muss* wie kalt, wie gleichgültig du dich mir gegenüber verhältst

eine Vergleichung zu machen. Wenn ich bei dir bin, zerschmilzt meine Vernunft in einen Blick – in einen Traum von dir, wenn ich weg bin, und Du hast noch eine Klugheit neben deiner Liebe? – Schäme dich! Jeder Augenblick, den du an diesen Kummer verlorst, war deinem Jüngling gestohlen.

**Louise** *fasst seine Hand indem sie den Kopf schüttelt.* Du willst mich einschläfern Ferdinand – willst meine Augen von diesem Abgrund hinweglocken, in den ich ganz gewiss stürzen muss. Ich seh in die Zukunft – die Stimme des Ruhms – deine Entwürfe – dein Vater – mein Nichts. *Erschrickt, und lässt plötzlich seine Hand fahren.* Ferdinand! ein Dolch über dir und mir! – Man trennt uns!

**Ferdinand.** Trennt uns! *Er springt auf.* Woher bringst du diese Ahndung Louise? Trennt uns? – Wer kann den Bund zwoer Herzen lösen, oder die Töne eines Akkords auseinanderreißen? – Ich bin ein Edelmann – Lass doch sehen, ob mein Adelbrief älter ist, als der Riss zum unendlichen Weltall? oder mein Wappen gültiger als die Handschrift des Himmels in Louisens Augen: Dieses Weib ist für diesen Mann? – Ich bin des Präsidenten Sohn. Eben darum. Wer, als die Liebe, kann mir die Flüche versüßen, die mir der Landeswucher meines Vaters vermachen wird?

**Louise.** O wie sehr fürcht ich ihn – Diesen Vater!

**Ferdinand.** Ich fürchte nichts – nichts – als die Grenzen deiner Liebe. Lass auch Hindernisse wie Gebürge zwischen uns treten, ich will sie für Treppen nehmen und drüber hin in Louisens Arme fliegen. Die Stürme des widrigen Schicksals sollen meine Empfindung emporblasen, Gefahren werden meine Louise nur reizender machen. – Also nichts mehr von Furcht meine Liebe. Ich selbst – ich will über dir wachen wie der Zauberdrach über unterir-

*eine Vergleichung* einen Vergleich

*eine Klugheit* eine rationale Überlegung

*Entwürfe* Zukunftspläne

*Edelmann* Adliger

*Adelbrief* → Seite 143

*Riss* (göttliche) Grundriss, (Welten-)Plan

*Landeswucher* → Seite 143

*für* hier: als

*emporblasen* anfachen, auflodern lassen

*vertraue dich* vertraue dich an

*auffassen* auffangen

dischem Golde – Mir vertraue dich. Du brauchst keinen Engel mehr – Ich will mich zwischen dich und das Schicksal werfen – empfangen für dich jede Wunde – auffassen für dich jeden Tropfen aus dem Becher der Freude – dir ihn bringen in der Schale der Liebe. *Sie zärtlich umfassend.* An diesem Arm soll meine Louise durchs Leben hüpfen, schöner als er dich von sich ließ soll der Himmel dich wiederhaben, und mit Verwunderung eingestehn, dass nur die Liebe die letzte Hand an die Seelen legte –

**Louise** *drückt ihn von sich, in großer Bewegung.* Nichts mehr! Ich bitte dich, schweig! – Wüsstest du – Lass mich – du weißt nicht, dass deine Hoffnungen mein Herz, wie Furien, anfallen. *Will fort.*

*Furien* antike (römische) Rachegöttinnen

**Ferdinand** *hält sie auf.* Louise? Wie! Was! Welche Anwandlung?

**Louise.** Ich hatte diese Träume vergessen und war glücklich – Jetzt! Jetzt! Von heut an – der Friede meines Lebens ist aus – Wilde Wünsche – ich weiß es – werden in meinem Busen rasen. – Geh – Gott vergebe dir's – Du hast den Feuerbrand in mein junges friedsames Herz geworfen, und er wird nimmer nimmer gelöscht werden. *Sie stürzt hinaus. Er folgt ihr sprachlos nach.*

## Fünfte Szene

*Saal beim Präsidenten.*

*Der* **Präsident,** *ein Ordenskreuz um den Hals, einen Stern an der Seite, und Sekretär* **Wurm** *treten auf.*

*Attachement* (frz.) Liebesverhältnis

**Präsident.** Ein ernsthaftes Attachement! Mein Sohn? – Nein, Wurm, das macht Er mich nimmermehr glauben.

**Wurm.** Ihro Exzellenz haben die Gnade mir den Beweis zu befehlen.

**Präsident.** Dass er der Bürgerkanaille den Hof macht – Flatterien sagt – auch meinetwegen Empfindungen vorplaudert – Das sind lauter Sachen, die ich möglich finde – verzeihlich finde – aber – und noch gar die Tochter eines Musikus sagt Er?

**Wurm.** Musikmeister Millers Tochter.

**Präsident.** Hübsch? – Zwar das versteht sich.

**Wurm** *lebhaft.* Das schönste Exemplar einer Blondine, die, nicht zu viel gesagt, neben den ersten Schönheiten des Hofes noch Figur machen würde.

**Präsident** *lacht.* Er sagt mir Wurm – Er habe ein Aug auf das Ding – das find ich. Aber sieht Er mein lieber Wurm – dass mein Sohn Gefühl für das Frauenzimmer hat, macht mir Hoffnung, dass ihn die Damen nicht hassen werden. Er kann bei Hof etwas durchsetzen. Das Mädchen ist schön, sagt Er, das gefällt mir an meinem Sohn, dass er Geschmack hat. Spiegelt er der Närrin solide Absichten vor? Noch besser – so seh ich, dass er Witz genug hat, in seinen Beutel zu lügen. Er kann Präsident werden. Setzt er es noch dazu durch? Herrlich! das zeigt mir an, dass er Glück hat. – Schließt sich die Farce mit einem gesunden Enkel – Unvergleichlich! so trink ich auf die guten Aspekten meines Stammbaums ein Bouteille Malaga mehr, und bezahle die Skortationsstrafe für seine Dirne.

**Wurm.** Alles was ich wünsche, Ihr Exzellenz, ist, dass Sie nicht nötig haben möchten diese Bouteille zu Ihrer Zerstreuung zu trinken.

**Präsident** *ernsthaft.* Wurm, besinn Er sich, dass ich, wenn ich einmal glaube, hartnäckig glaube, rase, wenn ich zürne – Ich will einen Spaß daraus machen, dass Er mich

*Bürgerkanaille* (frz.) Bürgergesindel

*Flatterien* (frz.) Schmeicheleien

*Figur machen würde* sich sehen lassen könnte

*das Ding* hier verächtlich für: das Mädchen

*das find ich* das ist ganz mein Eindruck

*dass er Witz genug hat* dass er klug genug ist, Verstand genug hat

*in seinen Beutel zu lügen* hier: sich Vorteile zu verschaffen

*Farce* (frz.) Posse(nspiel); alberne, absurde Angelegenheit

*die guten Aspekten* eine günstige Sternenkonstellation

*Malaga* spanischer Likörwein

*Skortationsstrafe* → Seite 143

aufhetzen wollte. Dass Er sich seinen Nebenbuhler gern vom Hals geschafft hätte, glaub ich Ihm herzlich gern. Da Er meinen Sohn bei dem Mädchen auszustechen Mühe haben möchte, soll Ihm der Vater zur Fliegenklatsche dienen, das find ich wieder begreiflich – und dass Er einen so herrlichen Ansatz zum Schelmen hat, entzückt mich sogar – Nur mein lieber Wurm, muss Er mich nicht mit prellen wollen. – Nur versteht Er mich, muss Er den Pfiff nicht bis zum Einbruch in meine Grundsätze treiben.

*Anmerkungen zu den Zeilen 6–21 → Seite 143*

**Wurm.** Ihro Exzellenz verzeihen. Wenn auch wirklich – wie Sie argwohnen – die Eifersucht hier im Spiel sein sollte, so wäre sie es wenigstens nur mit den Augen und nicht mit der Zunge.

**Präsident.** Und ich dächte, sie bliebe ganz weg. Dummer Teufel, was verschlägt es denn Ihm, ob Er die Karolin frisch aus der Münze, oder vom Bankier bekommt. Tröst Er sich mit dem hiesigen Adel; – Wissentlich oder nicht – bei uns wird selten eine Mariage geschlossen, wo nicht wenigstens ein halb Dutzend der Gäste – oder der Aufwärter – das Paradies des Bräutigams geometrisch ermessen kann.

**Wurm** *verbeugt sich.* Ich mache hier gern den Bürgersmann, gnädiger Herr.

*Anmerkungen zu den Zeilen 24–33 → Seiten 143 f.*

**Präsident.** Überdies kann Er mit Nächstem die Freude haben, seinem Nebenbuhler den Spott auf die schönste Art heimzugeben. Eben jetzt liegt der Anschlag im Kabinett, dass, auf die Ankunft der neuen Herzogin, Lady Milford zum Schein den Abschied erhalten, und, den Betrug vollkommen zu machen, eine Verbindung eingehen soll. Er weiß Wurm, wie sehr sich mein Ansehen auf den Einfluss der Lady stützt – wie überhaupt meine mächtigsten Springfedern in die Wallungen des Fürsten hineinspielen. Der Herzog sucht eine Partie für die Milford. Ein anderer kann sich melden – den Kauf schließen, mit der Dame das Vertrauen des Fürsten anreißen, sich ihm unentbehrlich machen – damit nun der Fürst im Netz meiner Familie bleibe, soll mein Ferdinand die Milford heuraten – – Ist Ihm das helle?

*anreißen* an sich reißen

*helle* einsichtig, klar

**Wurm.** Dass mich die Augen beißen – – Wenigstens bewies der Präsident hier, dass der Vater nur ein Anfänger gegen ihn ist. Wenn der Major Ihnen ebenso den gehorsamen Sohn zeigt, als Sie ihm den zärtlichen Vater, so dörfte Ihre Anfoderung mit Protest zurückkommen.

*Dass mich die Augen beißen* So klar, dass mir die Augen (vor Schmerz) tränen

*mit Protest zurückkommen* abgelehnt werden

**Präsident.** Zum Glück war mir noch nie für die Ausführung eines Entwurfes bang, wo ich mich mit einem: Es soll so sein, einstellen konnte. – Aber seh Er nun Wurm, das hat uns wieder auf den vorigen Punkt geleitet. Ich kündige meinem Sohn noch diesen Vormittag seine Vermählung an. Das Gesicht, das er mir zeigen wird, soll Seinen Argwohn entweder rechtfertigen, oder ganz widerlegen.

**Wurm.** Gnädiger Herr, ich bitte sehr um Vergebung. Das finstre Gesicht, das er Ihnen ganz zuverlässig zeigt, lässt sich ebenso gut auf die Rechnung der Braut schreiben, die Sie ihm zuführen, als derjenigen, die Sie ihm nehmen. Ich ersuche Sie um eine schärfere Probe. Wählen Sie ihm die untadeligste Partie im Land, und sagt er ja, so lassen Sie den Sekretär Wurm drei Jahre Kugeln schleifen.

*Kugeln schleifen* eine Kugel an einer am Bein befestigten Kette hinter sich her schleifen, wie es Sträflingen erging

**Präsident** *beißt die Lippen.* Teufel!

**Wurm.** Es ist nicht anders. Die Mutter – die Dummheit selbst – hat mir in der Einfalt zu viel geplaudert.

**Präsident** *geht auf und nieder, presst seinen Zorn zurück.* Gut! Diesen Morgen noch.

**Wurm.** Nur vergessen Euer Exzellenz nicht, dass der Major – der Sohn meines Herrn ist.

**Präsident.** Er soll geschont werden, Wurm.

*Er* hier: Wurm

**Wurm.** Und dass der Dienst, Ihnen von einer unwillkommenen Schwiegertochter zu helfen –

**Präsident.** Den Gegendienst wert ist, Ihm zu einer Frau zu helfen? – Auch das Wurm.

**Wurm** *bückt sich vergnügt.* Ewig der Ihrige, gnädiger Herr. Er will gehen.

**Präsident.** Was ich Ihm vorhin vertraut habe Wurm. *Drohend.* Wenn Er plaudert –

**Wurm** *lacht.* So zeigen Ihr Exzellenz meine falschen Handschriften auf. *Er geht ab.*

**Präsident.** Zwar Du bist mir gewiss. Ich halte dich an deiner eigenen Schurkerei, wie den Schröter am Faden.

**Ein Kammerdiener** *tritt herein.* Hofmarschall von Kalb –

**Präsident.** Kommt, wie gerufen. – Er soll mir angenehm sein. *Kammerdiener geht.*

## Sechste Szene

**Hofmarschall von Kalb,** *in einem reichen aber geschmacklosen Hofkleid, mit Kammerherrnschlüsseln, zwei Uhren und einem Degen, Chapeau-bas und frisiert à la Hérisson. Er fliegt mit großem Gekreisch auf den Präsidenten zu, und breitet einen Bisamgeruch über das ganze Parterre.* **Präsident.**

**Hofmarschall** *ihn umarmend.* Ah guten Morgen mein Bester! Wie geruht? Wie geschlafen? – Sie verzeihen doch, dass ich so spät das Vergnügen habe – dringende Geschäfte – der Küchenzettel – Visitenbilletts – das Arrangement der Partien auf die heutige Schlittenfahrt – Ah – und denn musst ich ja auch bei dem Lever zugegen sein, und Seiner Durchleucht das Wetter verkündigen.

*zeigen* decken

*falschen Handschriften* → Seite 144

*Schröter am Faden* → Seite 144

*Kammerherrnschlüsseln* → Seite 144

*Chapeau-bas* → Seite 144

*à la Hérisson* → Seite 144

*Bisamgeruch* → Seite 144

*Parterre* (frz.) hier: Zuschauerraum (im Theater)

*Küchenzettel* Speisefolge für die Hoftafel

*Visitenbilletts* → Seite 144

*Arrangement der Partien* → Seite 144

*Lever* (frz.) Aufstehzeremonie bzw. Morgenempfang des Fürsten

*Durchleucht* Durchlaucht, Anrede des Fürsten

**Präsident.** Ja Marschall. Da haben Sie freilich nicht abkommen können.

**Hofmarschall.** Obendrein hat mich ein Schelm von Schneider noch sitzen lassen.

**Präsident.** Und doch fix und fertig?

**Hofmarschall.** Das ist noch nicht alles. – Ein Malheur jagt heut das andere. Hören Sie nur.

**Präsident** *zerstreut.* Ist das möglich?

**Hofmarschall.** Hören Sie nur. Ich steige kaum aus dem Wagen, so werden die Hengste scheu, stampfen und schlagen aus, dass mir – ich bitte Sie! – der Gassenkot über und über an die Beinkleider sprützt. Was anzufangen? Setzen Sie sich um Gottes willen in meine Lage Baron. Da stand ich. Spät war es. Eine Tagreise ist es – und in dem Aufzug vor Seine Durchleucht! Gott der Gerechte! – Was fällt mir bei? Ich fingiere eine Ohnmacht. Man bringt mich über Hals und Kopf in die Kutsche. Ich in voller Karriere nach Haus – wechsle die Kleider – fahre zurück – Was sagen Sie? – und bin noch der Erste in der Antischamber – Was denken Sie?

**Präsident.** Ein herrliches Impromptu des menschlichen Witzes – Doch das beiseite Kalb – Sie sprachen also schon mit dem Herzog?

**Hofmarschall** *wichtig.* Zwanzig Minuten und eine halbe.

**Präsident.** Das gesteh ich! – und wissen mir also ohne Zweifel eine wichtige Neuigkeit?

**Hofmarschall** *ernsthaft nach einigem Stillschweigen.* Seine Durchleucht haben heute einen Merde d'Oye Biber an.

**Präsident.** Man denke – Nein Marschall, so hab ich doch eine bessere Zeitung für Sie – dass Lady Milford Majorin von Walter wird, ist Ihnen gewiss etwas Neues?

**Hofmarschall.** Denken Sie! – Und das ist schon richtig gemacht?

*Malheur* (frz.) Unglück

*Tagreise* hier: übertriebene Entfernungsangabe

*fingiere* täusche vor

*in voller Karriere* so schnell die Pferde laufen können (von frz. ›carrière‹: ›gestreckter Galopp‹)

*Antischamber* (von frz. ›Antichambre‹) Vorzimmer des Schlafgemachs des Herzogs

*Impromptu* (frz.) plötzliche Eingebung, Einfall

*Das gesteh ich!* Das ist viel, das geb' ich zu!

*Merde d'Oye Biber* → Seite 144

*Zeitung* hier: Nachricht

*gemacht* abgemacht, verabredet

*Sie verbinden mich* ich wäre Ihnen zu Dank verpflichtet

*präparieren* vorbereiten

**Präsident.** Unterschrieben, Marschall – und Sie verbinden mich, wenn Sie ohne Aufschub dahin gehen, die Lady auf seinen Besuch präparieren, und den Entschluss meines Ferdinands in der ganzen Residenz bekannt machen.

**Hofmarschall** *entzückt.* O mit tausend Freuden, mein Bester – Was kann mir erwünschter kommen? – Ich fliege sogleich – *Umarmt ihn.* Leben Sie wohl – In drei viertel Stunden weiß es die ganze Stadt. *Hüpft hinaus.*

**Präsident** *lacht dem Marschall nach.* Man sage noch, dass diese Geschöpfe in der Welt zu nichts taugen – – Nun muss ja mein Ferdinand wollen, oder die ganze Stadt hat gelogen. *Klingelt. – Wurm kommt.* Mein Sohn soll hereinkommen.

*Wurm geht ab. Der Präsident auf und nieder gedankenvoll.*

## Siebente Szene

**Ferdinand.** *Der* **Präsident. Wurm,** *welcher gleich abgeht.*

*Zirkel* hier: gesellschaftlichen Kreise

*Grille* Laune, wunderlicher Einfall

*denke auf nichts, als* mach es dir zur Pflicht; kümmere dich um nichts, als

*in meine Entwürfe zu spielen* meine Pläne durch dein Verhalten zu unterstützen

**Ferdinand.** Sie haben befohlen, gnädiger Herr Vater –

**Präsident.** Leider muss ich das, wenn ich meines Sohns einmal froh werden will – Lass Er uns allein, Wurm. – Ferdinand, ich beobachte dich schon eine Zeit lang, und finde die offene rasche Jugend nicht mehr, die mich sonst so entzückt hat. Ein seltsamer Gram brütet auf deinem Gesicht – Du fliehst mich – Du fliehst deine Zirkel – Pfui! – Deinen Jahren verzeiht man zehn Ausschweifungen vor einer einzigen Grille. Überlass diese mir, lieber Sohn. Mich lass an deinem Glück arbeiten, und denke auf nichts, als in mein Entwürfe zu spielen. – Komm! Umarme mich Ferdinand.

**Ferdinand.** Sie sind heute sehr gnädig mein Vater.

**Präsident.** Heute du Schalk – und dieses Heute noch mit der herben Grimasse? *Ernsthaft.* Ferdinand! – Wem zulieb hab ich die gefährliche Bahn zum Herzen des Fürsten betreten? Wem zulieb bin ich auf ewig mit meinem Gewissen und dem Himmel zerfallen? – Höre Ferdinand – (Ich spreche mit meinem Sohn) – Wem hab ich durch die Hinwegräumung meines Vorgängers Platz gemacht – eine Geschichte, die desto blutiger in mein Inwendiges schneidet, je sorgfältiger ich das Messer der Welt verberge. Höre. Sage mir Ferdinand: Wem tat ich dies alles?

*Schalk* Schelm, Witzbold

**Ferdinand** *tritt mit Schrecken zurück.* Doch mir nicht mein Vater? Doch auf mich soll der blutige Widerschein dieses Frevels nicht fallen? Beim allmächtigen Gott! Es ist besser, gar nicht geboren sein, als dieser Missetat zur Ausrede dienen.

**Präsident.** Was war das? Was? Doch! ich will es dem Romanenkopfe zuguthalten – Ferdinand – ich will mich nicht erhitzen vorlauter Knabe – Lohnst du mir also für meine schlaflosen Nächte? Also für meine rastlose Sorge? Also für den ewigen Skorpion meines Gewissens? – Auf mich fällt die Last der Verantwortung – auf mich der Fluch, der Donner des Richters – Du empfängst dein Glück von der zweiten Hand – das Verbrechen klebt nicht am Erbe.

*Romanenkopfe* Phantast

*also* für so

*Skorpion* hier im übertragenen Sinn für: Stachel

**Ferdinand** *streckt die rechte Hand gen Himmel.* Feierlich entsag ich hier einem Erbe, das mich nur an einen abscheulichen Vater erinnert.

**Präsident.** Höre junger Mensch, bringe mich nicht auf. – Wenn es nach deinem Kopfe ginge, Du kröchest dein Leben lang im Staube.

**Ferdinand.** O, immer noch besser, Vater, als ich kröch um den Thron herum.

**Präsident** *verbeißt seinen Zorn.* Hum! – Zwingen muss man dich, dein Glück zu erkennen. Wo zehn andre mit aller Anstrengung nicht hinaufklimmen, wirst du spielend, im Schlafe gehoben. Du bist im zwölften Jahre Fähndrich. Im zwanzigsten Major. Ich hab es durchgesetzt beim Fürsten. Du wirst die Uniform ausziehen, und in das Ministerium eintreten. Der Fürst sprach vom Geheimen Rat – Gesandtschaften – außerordentlichen Gnaden. Eine herrliche Aussicht dehnt sich vor dir. – Die ebene Straße zunächst nach dem Throne – zum Throne selbst, wenn anders die Gewalt so viel wert ist, als ihre Zeichen – das begeistert dich nicht?

**Ferdinand.** Weil meine Begriffe von Größe und Glück nicht ganz die Ihrigen sind – Ihre Glückseligkeit macht sich nur selten anders als durch Verderben bekannt. Neid, Furcht, Verwünschung sind die traurigen Spiegel, worin sich die Hoheit eines Herrschers belächelt. – Tränen, Flüche, Verzweiflung die entsetzliche Mahlzeit, woran diese gepriesenen Glücklichen schwelgen, von der sie betrunken aufstehen, und so in die Ewigkeit vor den Thron Gottes taumeln – Mein Ideal von Glück zieht sich genügsamer in mich selbst zurück. In meinem Herzen liegen alle meine Wünsche begraben. –

**Präsident.** Meisterhaft! Unverbesserlich! Herrlich! Nach dreißig Jahren die erste Vorlesung wieder! – Schade nur, dass mein fünfzigjähriger Kopf zu zäh für das Lernen ist! – Doch – dies seltne Talent nicht einrosten zu lassen, will ich dir jemand an die Seite geben, bei dem du dich in dieser buntscheckigen Tollheit nach Wunsch exerzieren kannst. – Du wirst dich entschließen – noch heute entschließen – eine Frau zu nehmen.

**Ferdinand** *tritt bestürzt zurück.* Mein Vater?

**Präsident.** Ohne Komplimente – Ich habe der Lady Milford in deinem Namen eine Karte geschickt. Du wirst dich

*Fähndrich* Fähnrich, jüngster Offizier einer Infanteriekompanie

*Geheimen Rat* → Seite 144

*zunächst nach* nahe an

*wenn anders* wenn denn, insofern

*exerzieren* (aus)bilden, üben

*Komplimente* (konventionelle) Höflichkeitsbezeigungen

ohne Aufschub bequemen, dahin zu gehen, und ihr zu sagen, dass du ihr Bräutigam bist.

**Ferdinand.** Der Milford mein Vater?

**Präsident.** Wenn sie dir bekannt ist –

**Ferdinand** *außer Fassung.* Welcher Schandsäule im Herzogtum ist sie das nicht! – Aber ich bin wohl lächerlich, lieber Vater, dass ich Ihre Laune für Ernst aufnehme? Würden Sie Vater zu dem Schurken Sohne sein wollen, der eine privilegierte Buhlerin heuratete?

**Präsident.** Noch mehr. Ich würde selbst um sie werben, wenn sie einen Fünfziger möchte – Würdest du zu dem Schurken Vater nicht Sohn sein wollen?

**Ferdinand.** Nein! So wahr Gott lebt!

**Präsident.** Eine Frechheit, bei meiner Ehre! die ich ihrer Seltenheit wegen vergebe –

**Ferdinand.** Ich bitte Sie Vater! lassen Sie mich nicht länger in einer Vermutung, wo es mir unerträglich wird, mich Ihren Sohn zu nennen.

**Präsident.** Junge bist du toll? Welcher Mensch von Vernunft würde nicht nach der Distinktion geizen, mit seinem Landesherrn an einem dritten Orte zu wechseln?

**Ferdinand.** Sie werden mir zum Rätsel mein Vater. Distinktion nennen Sie es – Distinktion, da mit dem Fürsten zu teilen, wo er auch unter den Menschen hinunterkriecht?

**Präsident** *schlägt ein Gelächter auf.*

**Ferdinand.** Sie können lachen – und ich will über das hinweggehen Vater. Mit welchem Gesicht soll ich vor den schlechtesten Handwerker treten, der mit seiner Frau wenigstens doch einen ganzen Körper zum Mitgift bekommt? Mit welchem Gesicht vor die Welt? Vor den Fürsten? Mit welchem vor die Buhlerin selbst, die den Brandflecken ihrer Ehre in meiner Schande auswaschen würde?

*Schandsäule* → Seite 144

*lächerlich* wert, ausgelacht zu werden

*privilegierte Buhlerin* begünstigte Dirne

*nach der Distinktion geizen* nach der Auszeichnung streben

*an einem dritten Orte zu wechseln* die Geliebte zu teilen; sexuelle Anspielung

*unter den Menschen hinunterkriecht* seinen (tierischen) Trieben folgt

*schlägt ein Gelächter auf* fängt lauthals zu lachen an

*zum Mitgift* als Mitgift, Aussteuer der Braut

**Präsident.** Wo in aller Welt bringst du das Maul her, Junge?

**Ferdinand.** Ich beschwöre Sie bei Himmel und Erde! Vater, Sie können durch diese Hinwerfung Ihres einzigen Sohnes so glücklich nicht werden, als Sie ihn unglücklich machen. Ich gebe Ihnen mein Leben, wenn das Sie steigen machen kann. Mein Leben hab ich von Ihnen, ich werde keinen Augenblick anstehen, es ganz Ihrer Größe zu opfern. – Meine Ehre, Vater – wenn Sie mir diese nehmen, so war es ein leichtfertiges Schelmenstück mir das Leben zu geben, und ich muss den Vater wie den Kuppler verfluchen.

*Sie steigen machen kann* Ihren Aufstieg befördern kann

**Präsident** *freundlich, indem er ihn auf die Achsel klopft.* Brav, lieber Sohn. Jetzt seh ich, dass du ein ganzer Kerl bist, und der besten Frau im Herzogtum würdig. – Sie soll dir werden – Noch diesen Mittag wirst du dich mit der Gräfin von Ostheim verloben.

*Achsel* gemeint ist: Schulter

**Ferdinand** *aufs Neue betreten.* Ist diese Stunde bestimmt, mich ganz zu zerschmettern?

**Präsident** *einen laurenden Blick auf ihn werfend.* Wo doch hoffentlich deine Ehre nichts einwenden wird?

*laurenden* lauernden

**Ferdinand.** Nein mein Vater. Friederike von Ostheim könnte jeden andern zum Glücklichsten machen. *Vor sich, in höchster Verwirrung.* Was seine Bosheit an meinem Herzen noch ganz ließ, zerreißt seine Güte.

*Vor sich* Für sich (ohne dass es der andere hören kann)

**Präsident** *noch immer kein Aug von ihm wendend.* Ich warte auf deine Dankbarkeit, Ferdinand –

**Ferdinand** *stürzt auf ihn zu und küsst ihm feurig die Hand.* Vater! Ihre Gnade entflammt meine ganze Empfindung – Vater! meinen heißesten Dank für Ihre herzliche Meinung – Ihre Wahl ist untadelhaft – aber – ich kann – ich darf – Bedauern Sie mich – Ich kann die Gräfin nicht lieben.

**Präsident** *tritt einen Schritt zurück.* Holla! Jetzt hab ich den jungen Herrn. Also in diese Falle ging er, der listige

Heuchler – Also es war nicht die Ehre, die dir die Lady verbot? – Es war nicht die Person sondern die Heurat die du verabscheutest? –

**Ferdinand** *steht zuerst wie versteinert, dann fährt er auf, und will fortrennen.*

**Präsident.** Wohin? Halt! Ist das der Respekt den du mir schuldig bist? *Der Major kehrt zurück.* Du bist bei der Lady gemeldet. Der Fürst hat mein Wort. Stadt und Hof wissen es richtig. – Wenn du mich zum Lügner machst, Junge – vor dem Fürsten – der Lady – der Stadt – dem Hof mich zum Lügner machst – Höre Junge – oder wenn ich hinter gewisse Historien komme! – Halt! Holla! Was bläst so auf einmal das Feuer in deinen Wangen aus?

*wissen es richtig* sind darüber als über etwas informiert, an dem nicht mehr zu rütteln ist

*Historien* (Liebes-) Geschichten

**Ferdinand** *schneeblass und zitternd.* Wie? Was? Es ist gewiss nichts, mein Vater!

**Präsident** *einen fürchterlichen Blick auf ihn heftend.* Und wenn es was ist – und wenn ich die Spur finden sollte, woher diese Widersetzlichkeit stammt? – – Ha Junge! der bloße Verdacht schon bringt mich zum Rasen. Geh den Augenblick. Die Wachparade fängt an. Du wirst bei der Lady sein, sobald die Parole gegeben ist – Wenn ich auftrete, zittert ein Herzogtum. Lass doch sehen, ob mich ein Starrkopf von Sohn meistert. *Er geht und kommt noch einmal wieder.* Junge, ich sage dir, du wirst dort sein, oder fliehe meinen Zorn. *Er geht ab.*

*Wachparade* zeremonieller Aufzug der Wache vor dem Schloss

*Parole* → Seite 144

*mich … meistert* über meinen Willen triumphiert

**Ferdinand** *erwacht aus einer dumpfen Betäubung.* Ist er weg? War das eines Vaters Stimme? – Ja! ich will zu ihr – will hin – will ihr Dinge sagen, will ihr einen Spiegel vorhalten – Nichtswürdige! und wenn du auch noch dann meine Hand verlangst – Im Angesicht des versammelten Adels, des Militärs und des Volks – Umgürte dich mit dem ganzen Stolz deines Englands – Ich verwerfe dich – ein teutscher Jüngling! *Er eilt hinaus.*

# Zweiter Akt

*Ein Saal im Palais der Lady Milford; zur rechten Hand steht ein Sofa, zur linken ein Flügel.*

## Erste Szene

**Lady,** *in einem freien aber reizenden Negligé, die Haare noch unfrisiert, sitzt vor dem Flügel und phantasiert;* **Sophie,** *die Kammerjungfer, kommt von dem Fenster.*

*Negligé* (vgl. frz. ›negliger‹: ›vernachlässigen‹) Hausgewand, Morgenrock

*phantasiert* improvisiert, spielt frei (ohne Noten)

*finde* befinde, fühle

*Marstall* herzoglicher Pferdestall

*unpässlich* unwohl

*Assemblee* (frz.) Versammlung, Gesellschaft

*l'Hombretische* → Seiten 144 f.

*Grille* hier: schlechte Laune

*Demant* Diamant

**Sophie.** Die Offiziers gehen auseinander. Die Wachparade ist aus – aber ich sehe noch keinen Walter.

**Lady** *sehr unruhig, indem sie aufsteht und einen Gang durch den Saal macht.* Ich weiß nicht, wie ich mich heute finde, Sophie – Ich bin noch nie so gewesen – Also du sahst ihn gar nicht? – Freilich wohl – Es wird ihm nicht eilen – Wie ein Verbrechen liegt es auf meiner Brust – Geh Sophie – Man soll mir den wildesten Renner herausführen, der im Marstall ist. Ich muss ins Freie – Menschen sehen und blauen Himmel, und mich leichter reiten ums Herz herum.

**Sophie.** Wenn Sie sich unpässlich fühlen, Mylady – berufen Sie Assemblee hier zusammen. Lassen Sie den Herzog hier Tafel halten, oder die l'Hombretische vor Ihren Sofa setzen. Mir sollte der Fürst und sein ganzer Hof zu Gebote stehn, und eine Grille im Kopfe surren?

**Lady** *wirft sich in den Sofa.* Ich bitte, verschone mich. Ich gebe dir einen Demant für jede Stunde, wo ich sie mir vom Hals schaffen kann. Soll ich meine Zimmer mit diesem Volk tapezieren? – Das sind schlechte erbärmliche Menschen, die sich entsetzen, wenn mir ein warmes herzliches Wort entwischt, Mund und Nasen aufreißen, als sähen sie einen Geist – Sklaven eines einzigen Marionettendrahts, den ich leichter als mein Filet regiere. – Was fang ich mit Leuten an, deren Seelen so gleich als ihre Sackuhren gehen? Kann ich eine Freude dran finden, sie was zu fragen, wenn ich voraus weiß, was sie mir antworten werden? Oder Worte mit ihnen wechseln, wenn sie das Herz nicht haben, andrer Meinung als ich zu sein? – Weg mit ihnen! Es ist verdrüßlich, ein Ross zu reiten, das nicht auch in den Zügel beißt. *Sie tritt zum Fenster.*

**Sophie.** Aber den Fürsten werden Sie doch ausnehmen Lady? Den schönsten Mann – den feurigsten Liebhaber – den witzigsten Kopf in seinem ganzen Lande!

**Lady** *kommt zurück.* Denn es ist sein Land – und nur ein Fürstentum, Sophie, kann meinem Geschmack zur erträglichen Ausrede dienen – Du sagst, man beneide mich. Armes Ding! Beklagen soll man mich vielmehr. Unter allen, die an den Brüsten der Majestät trinken, kommt die Favoritin am schlechtesten weg, weil sie allein dem großen und reichen Mann auf dem Bettelstabe begegnet – Wahr ist's, er kann mit dem Talisman seiner Größe jeden Gelust meines Herzens, wie ein Feenschloss, aus der Erde rufen. – Er setzt den Saft von zwei Indien auf die Tafel – ruft Paradiese aus Wildnissen – lässt die Quellen seines Landes in stolzen Bögen gen Himmel springen, oder das Mark seiner Untertanen in einem Feuerwerk hinpuffen – – Aber kann er auch seinem Herzen befehlen, gegen ein großes feuriges Herz groß und feurig zu schlagen? Kann er sein darbendes Gehirn auf ein einziges schönes Gefühl exequieren? – Mein Herz hungert bei all dem Vollauf der Sinne, und was helfen mich tausend bessre Empfindungen, wo ich nur Wallungen löschen darf?

**Sophie** *blickt sie verwundernd an.* Wie lang ist es denn aber, dass ich Ihnen diene, Mylady?

*Marionettendrahts* Draht bzw. Faden, mit dem Marionetten bewegt werden

*Filet* (frz.) Faden, Garn; feine Stickereiarbeit

*gleich als* gleichmäßig wie

*Sackuhren* Taschenuhren

*Talisman* Glücksbringer

*jeden Gelust* jedes Gelüst, jeden Wunsch

*Saft von zwei Indien* → Seite 145

*Paradiese aus Wildnissen* → Seite 145

*in stolzen Bögen* in Wasserfontänen

*darbendes* hier: ärmliches

*auf ein einziges schönes Gefühl exequieren* ein einziges schönes Gefühl abgewinnen

*Vollauf* Überfluss

*bessre Empfindungen* hier: moralische Gefühle

**Lady.** Weil du erst heute mit mir bekannt wirst? – Es ist wahr, liebe Sophie – ich habe dem Fürsten meine Ehre verkauft, aber mein Herz habe ich frei behalten – ein Herz, meine Gute, das vielleicht eines Mannes noch wert ist – über welches der giftige Wind des Hofes nur wie der Hauch über den Spiegel ging – Trau es mir zu, meine Liebe, dass ich es längst gegen diesen armseligen Fürsten behauptet hätte, wenn ich es nur von meinem Ehrgeiz erhalten könnte, einer Dame am Hof den Rang vor mir einzuräumen.

*wenn ich es nur von meinem Ehrgeiz erhalten könnte* wenn es mir mein Ehrgeiz nur gestatten würde

**Sophie.** Und dieses Herz unterwarf sich dem Ehrgeiz so gern?

**Lady** *lebhaft.* Als wenn es sich nicht schon gerächt hätte? – Nicht jetzt noch sich rächte? – – Sophie *Bedeutend, indem sie die Hand auf Sophiens Achsel fallen lässt.* Wir Frauenzimmer können nur zwischen Herrschen und Dienen wählen – aber die höchste Wonne der Gewalt ist doch nur ein elender Behelf, wenn uns die größere Wonne versagt wird, Sklavinnen eines Mannes zu sein, den wir lieben.

**Sophie.** Eine Wahrheit, Mylady, die ich von Ihnen zuletzt hören wollte!

**Lady.** Und warum, meine Sophie? Sieht man es denn dieser kindischen Führung des Zepters nicht an, dass wir nur für das Gängelband taugen? Sahst du es denn diesem launischen Flattersinn nicht an – diesen wilden Ergötzungen nicht an, dass sie nur wildere Wünsche in meiner Brust überlärmen sollten?

*des Zepters* des Herrscherstabes (als Zeichen der Macht)

*Gängelband* damals weit verbreitete Laufhilfe für Kleinkinder

*Flattersinn* Flatterhaftigkeit, Unbeständigkeit

**Sophie** *tritt erstaunt zurück.* Lady?

**Lady** *lebhafter.* Befriedige diese! Gib mir den Mann, den ich jetzt denke – den ich anbete – sterben, Sophie, oder besitzen muss. *Schmelzend.* Lass mich aus seinem Mund es vernehmen, dass Tränen der Liebe schöner glänzen in

*den ich jetzt denke* an den ich jetzt denke

unsern Augen, als die Brillanten in unserm Haar *feurig* und ich werfe dem Fürsten sein Herz und sein Fürstentum vor die Füße, fliehe mit diesem Mann, fliehe in die entlegenste Wüste der Welt – –

**Sophie** *blickt sie erschrocken an.* Himmel! was machen Sie? Wie wird Ihnen Lady?

**Lady** *bestürzt.* Du entfärbst dich? – – Hab ich vielleicht etwas zu viel gesagt? – O so lass mich deine Zunge mit meinem Zutrauen binden – höre noch mehr – höre alles –

**Sophie** *schaut sich ängstlich um.* Ich fürchte Mylady – ich fürchte – ich brauch es nicht mehr zu hören.

**Lady.** Die Verbindung mit dem Major – Du und die Welt stehen im Wahn, sie sei eine H o f k a b a l e – Sophie – erröte nicht – schäme dich meiner nicht – sie ist das Werk – m e i n e r L i e b e.

*Hofkabale* höfische Intrige

**Sophie.** Bei Gott! Was mir ahndete!

**Lady.** Sie ließen sich beschwatzen, Sophie – der schwache Fürst – der hofschlaue Walter – der alberne Marschall – Jeder von ihnen wird darauf schwören, dass diese Heurat das unfehlbarste Mittel sei, mich dem Herzog zu retten, unser Band umso fester zu knüpfen. – – Ja! es auf ewig zu trennen! auf ewig diese schändliche Ketten zu brechen! – Belogene Lügner! Von einem schwachen Weib überlistet! – Ihr selbst führt mir jetzt meinen Geliebten zu. Das war es ja nur was ich wollte – Hab ich ihn einmal – hab ich ihn – o dann auf immer gute Nacht abscheuliche Herrlichkeit –

*der hofschlaue* der mit den höfischen Intrigen vertraute, ›mit allen Wassern gewaschene‹

## Zweite Szene

*Ein alter* **Kammerdiener** *des Fürsten, der ein Schmuckkästchen trägt. Die* **Vorigen.**

**Kammerdiener.** Seine Durchlaucht der Herzog empfehlen sich Mylady zu Gnaden, und schicken Ihnen diese Brillanten zur Hochzeit. Sie kommen soeben erst aus Venedig.

**Lady** *hat das Kästchen geöffnet und fährt erschrocken zurück.* Mensch! was bezahlt dein Herzog für diese Steine?

**Kammerdiener** *mit finsterm Gesicht.* Sie kosten ihn keinen Heller.

*Heller* zu Schillers Zeit Münze von sehr geringem Wert

**Lady.** Was? Bist du rasend? *Nichts?* – und *indem sie einen Schritt von ihm wegtritt* du wirfst mir ja einen Blick zu, als wenn du mich durchbohren wolltest – *Nichts* kosten ihn diese unermesslich kostbaren Steine?

**Kammerdiener.** Gestern sind siebentausend Landskinder nach Amerika fort – Die zahlen alles.

*siebentausend Landskinder nach Amerika* → Seite 145

**Lady** *setzt den Schmuck plötzlich nieder, und geht rasch durch den Saal, nach einer Pause zum Kammerdiener.* Mann, was ist dir? Ich glaube, du weinst?

**Kammerdiener** *wischt sich die Augen, mit schrecklicher Stimm, alle Glieder zitternd.* Edelsteine wie *diese* da – Ich hab auch ein paar Söhne drunter.

**Lady** *wendet sich bebend weg, seine Hand fassend.* Doch keinen Gezwungenen?

**Kammerdiener** *lacht fürchterlich.* O Gott – Nein – lauter Freiwillige. Es traten wohl so etliche vorlaute Bursch' vor die Front heraus, und fragten den Obersten, wie teuer der Fürst das Joch Menschen verkaufe? – aber unser gnädigster Landesherr ließ alle Regimenter auf dem Paradeplatz

*vor die Front* vor die Reihe der angetretenen Soldaten

*das Joch* hier: das Paar

aufmarschieren, und die Maulaffen niederschießen. Wir hörten die Büchsen knallen, sahen ihr Gehirn auf das Pflaster sprützen, und die ganze Armee schrie: Juchhe nach Amerika! –

**Lady** *fällt mit Entsetzen in den Sofa.* Gott! Gott! – Und ich hörte nichts? Und ich merkte nichts?

**Kammerdiener.** Ja gnädige Frau – warum musstet Ihr denn mit unserm Herrn gerad auf die Bärenhatz reiten, als man den Lärmen zum Aufbruch schlug? – Die Herrlichkeit hättet Ihr doch nicht versäumen sollen, wie uns die gellenden Trommeln verkündigten, es ist Zeit, und heulende Waisen dort einen lebendigen Vater verfolgten, und hier eine wütende Mutter lief, ihr saugendes Kind an Bajonetten zu spießen, und wie man Bräutigam und Braut mit Säbelhieben auseinanderriss, und wir Graubärte verzweiflungsvoll dastanden, und den Burschen auch zuletzt die Krücken noch nachwarfen in die neue Welt – Oh, und mitunter das polternde Wirbelschlagen, damit der Allwissende uns nicht sollte beten hören –

**Lady** *steht auf, heftig bewegt.* Weg mir diesen Steinen – sie blitzen Höllenflammen in mein Herz. *Sanfter zum Kammerdiener.* Mäßige dich armer alter Mann. Sie werden wiederkommen. Sie werden ihr Vaterland wiedersehen.

**Kammerdiener** *warm und voll.* Das weiß der Himmel! Das werden sie! – Noch am Stadttor drehten sie sich um, und schrien: »Gott mit euch, Weib und Kinder – Es leb unser Landesvater – am Jüngsten Gericht sind wir wieder da!« –

**Lady** *mit starkem Schritt auf und nieder gehend.* Abscheulich! Fürchterlich! – Mich beredete man, ich habe sie alle getrocknet die Tränen des Landes – Schrecklich, schrecklich gehen mir die Augen auf – Geh du – Sag deinem Herrn – Ich werd ihm persönlich danken.

*Maulaffen* dummen Kerle

*Juchhe nach Amerika* → Seite 145

*Bärenhatz* Bärenjagd

*den Lärmen* das Signal

*wütende* außer sich geratene

*Bajonetten* Stichwaffen, die auf das Gewehr aufgesetzt werden

*das polternde Wirbelschlagen* die Trommelwirbel

*voll* beherzt, mit voller Stimme

*Mich beredete man* Mir redete man ein

*Kammerdiener will gehen, sie wirft ihm ihre Goldbörse in den Hut.* Und das nimm, weil du mir Wahrheit sagtest –

**Kammerdiener** *wirft sie verächtlich auf den Tisch zurück.* Legt's zu dem Übrigen. *Er geht ab.*

**Lady** *sieht ihm erstaunt nach.* Sophie; spring ihm nach, frag ihn um seinen Namen. Er soll seine Söhne wiederhaben. *Sophie ab. Lady nachdenkend auf und nieder. Pause. Zu Sophien, die wiederkommt.* Ging nicht jüngst ein Gerüchte, dass das Feuer eine Stadt an der Grenze verwüstet, und bei vierhundert Familien an den Bettelstab gebracht habe? *Sie klingelt.*

*bei* beinahe, fast

**Sophie.** Wie kommen Sie auf das? Allerdings ist es so, und die mehresten dieser Unglücklichen dienen jetzt ihren Gläubigern als Sklaven, oder verderben in den Schachten der fürstlichen Silberbergwerke.

*verderben* gehen zugrunde

**Bedienter** *kommt.* Was befehlen Mylady?

**Lady** *gibt ihm den Schmuck.* Dass das ohne Verzug in die Landschaft gebracht werde! – Man soll es sogleich zu Geld machen, befehl ich, und den Gewinst davon unter die Vierhundert verteilen, die der Brand ruiniert hat.

*die Landschaft* Bezeichnung für die württembergische Ständevertretung; hier: ihr Versammlungsgebäude

*Gewinst* Reingewinn, Ertrag

**Sophie.** Mylady, bedenken Sie, dass Sie die höchste Ungnade wagen.

*höchste Ungnade* Ungnade des Fürsten

**Lady** *mit Größe.* Soll ich den Fluch seines Landes in meinen Haaren tragen? *Sie winkt dem Bedienten, dieser geht.* Oder willst du, dass ich unter dem schrecklichen Geschirr solcher Tränen zu Boden sinke? – Geh Sophie – Es ist besser falsche Juwelen im Haar, und das Bewusstsein dieser Tat im Herzen zu haben.

*in meinen Haaren* als Haarschmuck

*Geschirr* hier: Joch des edelsteinbesetzten Diadems

**Sophie.** Aber Juwelen, wie diese! Hätten Sie nicht Ihre schlechtern nehmen können. Nein wahrlich Mylady! Es ist Ihnen nicht zu vergeben.

**Lady.** Närrisches Mädchen! Dafür werden in e i n e m Augenblick mehr Brillanten und Perlen für mich fallen, als zehen Könige in ihren Diademen getragen, und schönere –

**Bedienter** *kommt zurück.* Major von Walter –

**Sophie** *springt auf die Lady zu.* Gott! Sie verblassen –

**Lady.** Der erste Mann der mir Schrecken macht – Sophie – Ich sei unpässlich Eduard – Halt – Ist er aufgeräumt? Lacht er? Was spricht er? O Sophie! Nicht wahr, ich sehe hässlich aus?

*verblassen* erblassen

*aufgeräumt* gut gelaunt

**Sophie.** Ich bitte Sie Lady –

**Bedienter.** Befehlen Sie, dass ich ihn abweise?

**Lady** *stotternd.* Er soll mir willkommen sein. *Bedienter hinaus.* Sprich Sophie – Was sag ich ihm? Wie empfang ich ihn? – Ich werde stumm sein. – Er wird meiner Schwäche spotten – Er wird – o was ahndet mir – Du verlässest mich Sophie? – Bleib – Doch nein! Gehe! – So bleib doch. *Der Major kommt durch das Vorzimmer.*

**Sophie.** Sammeln Sie sich. Er ist schon da.

## Dritte Szene

**Ferdinand von Walter.** *Die* **Vorigen.**

**Ferdinand** *mit einer kurzen Verbeugung.* Wenn ich Sie worin unterbreche, gnädige Frau –

**Lady** *unter merkbarem Herzklopfen.* In nichts, Herr Major, das mir wichtiger wäre.

**Ferdinand.** Ich komme auf Befehl meines Vaters.

**Lady.** Ich bin seine Schuldnerin.

**Ferdinand.** Und soll Ihnen m e l d e n, dass wir uns heuraten – Soweit der Auftrag meines Vaters.

**Lady** *entfärbt sich und zittert.* Nicht Ihres eigenen Herzens?

**Ferdinand.** Minister und Kuppler pflegen das niemals zu fragen.

*beizusetzen* hinzuzufügen

*gemein haben* gemeinsam haben

*Für den Einwurf* Als Einwand, Einspruch

*meines Wappens – und dieses Degens* Symbole der Familien- und der Offiziersehre

*Dreier* Dreipfennigmünze, die von geringem Wert und massenhaft im Umlauf war

**Lady** *mit einer Beängstigung, dass ihr die Worte versagen.* Und Sie Selbst hätten sonst nichts beizusetzen?

**Ferdinand** *mit einem Blick auf die Mamsell.* Noch sehr viel, Mylady.

**Lady** *gibt Sophien einen Wink, diese entfernt sich.* Darf ich Ihnen diesen Sofa anbieten?

**Ferdinand.** Ich werde kurz sein, Mylady.

**Lady.** Nun?

**Ferdinand.** Ich bin ein Mann von Ehre.

**Lady.** Den ich zu schätzen weiß.

**Ferdinand.** Kavalier.

**Lady.** Kein bessrer im Herzogtum.

**Ferdinand.** Und Offizier.

**Lady** *schmeichelhaft.* Sie berühren hier Vorzüge, die auch andere mit Ihnen gemein haben. Warum verschweigen Sie größere, worin Sie einzig sind?

**Ferdinand** *frostig.* Hier brauch ich sie nicht.

**Lady** *mit immer steigender Angst.* Aber für was muss ich diesen Vorbericht nehmen?

**Ferdinand** *langsam und mit Nachdruck.* Für den Einwurf der Ehre, wenn Sie Lust haben sollten, meine Hand zu erzwingen.

**Lady** *auffahrend.* Was ist das Herr Major?

**Ferdinand** *gelassen.* Die Sprache meines Herzens – meines Wappens – und dieses Degens.

**Lady.** Diesen Degen gab Ihnen der Fürst.

**Ferdinand.** Der Staat gab mir ihn, durch die Hand des Fürsten – Mein Herz Gott – mein Wappen ein halbes Jahrtausend.

**Lady.** Der Name des Herzogs –

**Ferdinand** *hitzig.* Kann der Herzog Gesetze der Menschheit verdrehen, oder Handlungen münzen, wie seine Dreier? – Er selbst ist nicht über die Ehre erhaben, aber er kann ihren Mund mit seinem Golde verstopfen. Er kann den Hermelin über seine Schande herwerfen. Ich bitte mir aus, davon nichts mehr Mylady – Es ist nicht mehr die Rede von weggeworfenen Aussichten und Ahnen – oder von dieser Degenquaste – oder von der Meinung der Welt. Ich bin bereit, dies alles mit Füßen zu treten, sobald Sie mich nur überzeugt haben werden, dass der Preis nicht schlimmer noch als das Opfer ist.

**Lady** *schmerzhaft von ihm weggehend.* Herr Major! Das hab ich nicht verdient.

**Ferdinand** *ergreift ihre Hand.* Vergeben Sie. Wir reden hier ohne Zeugen. Der Umstand, der Sie und mich – heute und nie mehr – zusammenführt, berechtigt mich, zwingt mich, Ihnen mein geheimstes Gefühl nicht zurückzuhalten. – – Es will mir nicht zu Kopfe, Mylady, dass eine Dame von so viel Schönheit und Geist – Eigenschaften, die ein Mann schätzen würde – sich an einen Fürsten sollte wegwerfen können, der nur das Geschlecht an ihr zu bewundern gelernt hat, wenn sich diese Dame nicht schämte, vor einen Mann mit ihrem Herzen zu treten.

**Lady** *schaut ihm groß ins Gesicht.* Reden Sie ganz aus.

**Ferdinand.** Sie nennen sich eine Britin. Erlauben Sie mir – ich kann es nicht glauben, dass Sie eine Britin sind. Die freigeborene Tochter des freiesten Volks unter dem Himmel – das auch zu stolz ist, fremder Tugend zu räuchern, – kann sich nimmermehr an fremdes Laster verdingen. Es ist nicht möglich, dass Sie eine Britin sind, – oder das Herz dieser Britin muss um so viel kleiner sein, als größer und kühner Britanniens Adern schlagen.

**Lady.** Sind Sie zu Ende?

**Ferdinand.** Man könnte antworten, es ist weibliche Eitelkeit – Leidenschaft – Temperament – Hang zum Vergnügen. Schon öfters überlebte Tugend die Ehre. Schon manche,

*Hermelin* kostbarer weißer Pelz des Wiesels; hier: der hermelinbesetzte Mantel des Herrschers als Ausdruck seiner Macht

*Degenquaste* (frz.) Portepee; silberne oder goldene Quaste, die um den Griff des Offiziersdegens geschlungen wurde; Symbol für die Offiziersehre

*räuchern* hier: huldigen, schmeicheln

*sich … an fremdes Laster verdingen* gegen Bezahlung an fremdem Laster teilhaben

*Pressung* (finanzielle) Ausbeutung

die mit Schande in diese Schranke trat, hat nachher die Welt durch edle Handlungen mit sich ausgesöhnt, und das hässliche Handwerk durch einen schönen Gebrauch geadelt – – Aber woher denn jetzt diese ungeheure Pressung des Landes, die vorher nie so gewesen? – Das war im Namen des Herzogtums. – Ich bin zu Ende.

**Lady** *mit Sanftmut und Hoheit.* Es ist das erste Mal, Walter, dass solche Reden an mich gewagt werden, und Sie sind der einzige Mensch, dem ich darauf antworte – Dass Sie meine Hand verwerfen, darum schätz ich Sie. Dass Sie mein Herz lästern, vergebe ich Ihnen. Dass es Ihr Ernst ist, glaube ich Ihnen nicht. Wer sich herausnimmt, Beleidigungen dieser Art einer Dame zu sagen, die nicht mehr als eine Nacht braucht, ihn ganz zu verderben, muss dieser Dame eine große Seele zutrauen, oder – von Sinnen sein – Dass Sie den Ruin des Landes auf meine Brust wälzen, vergebe Ihnen Gott der Allmächtige, der Sie und Mich und den Fürsten einst gegeneinanderstellt. – Aber Sie haben die Engländerin in mir aufgefodert, und auf Vorwürfe dieser Art muss mein Vaterland Antwort haben.

*begierig* … zu hören

**Ferdinand** *auf seinen Degen gestützt.* Ich bin begierig.

*vertraute* anvertraute

*Thomas Norfolks* → Seite 145

*die schottische Maria* → Seite 145

*bezüchtigt* bezichtigt

*Vernehmen* Einvernehmen

**Lady.** Hören Sie also, was ich, außer Ihnen, noch niemand vertraute, noch jemals einem Menschen vertrauen will. – – Ich bin nicht die Abenteurerin, Walter, für die Sie mich halten. Ich könnte großtun und sagen: Ich bin fürstlichen Geblüts – aus des unglücklichen Thomas Norfolks Geschlechte, der für die schottische Maria ein Opfer war – Mein Vater, des Königs oberster Kämmerer wurde bezüchtigt, in verrätrischem Vernehmen mit Frankreich zu stehen, durch einen Spruch der Parlamente verdammt, und enthauptet. – Alle unsre Güter fielen der Krone zu. Wir selbst wurden des Landes verwiesen. Meine Mutter starb am Tage der Hinrichtung. Ich – ein vierzehnjähriges Mädchen – flohe nach Teutschland mit meiner Wärterin – einem Kästchen Juwelen – und diesem Familienkreuz, das meine sterbende Mutter mit ihrem letzten Segen mir in den Busen steckte.

**Ferdinand** *wird nachdenkend, und heftet wärmere Blicke auf die Lady.*

**Lady** *fährt fort mit immer zunehmender Rührung.* Krank – ohne Namen – ohne Schutz und Vermögen – eine ausländische Waise kam ich nach Hamburg. Ich hatte nichts gelernt, als das bisschen Französisch – ein wenig Filet, und den Flügel – desto besser verstund ich auf Gold und Silber zu speisen, unter damastenen Decken zu schlafen, mit einem Wink zehen Bediente fliegen zu machen, und die Schmeicheleien der Großen Ihres Geschlechts aufzunehmen. – Sechs Jahre waren schon hingeweint. – Die letzte Schmucknadel flog dahin – Meine Wärterin starb – – und jetzt führte mein Schicksal Ihren Herzog nach Hamburg. Ich spazierte damals an den Ufern der Elbe, sah in den Strom, und fing eben an zu phantasieren, ob dieses Wasser oder mein Leiden das tiefste wäre? – Der Herzog sah mich, verfolgte mich, fand meinen Aufenthalt, – lag zu meinen Füßen, und schwur, dass er mich liebe. *Sie hält in großen Bewegungen inne, dann fährt sie fort mit weinender Stimme.* Alle Bilder meiner glücklichen Kindheit wachten jetzt wieder mit verführendem Schimmer auf – Schwarz wie das Grab graute mich eine trostlose Zukunft an – Mein Herz brannte nach einem Herzen – Ich sank an das seinige. *Von ihm wegstürzend.* Jetzt verdammen Sie mich!

**Ferdinand** *sehr bewegt, eilt ihr nach, und hält sie zurück.* Lady! o Himmel! Was hör ich? Was tat ich? – – Schrecklich enthüllt sich mein Frevel mir. Sie können mir nicht mehr vergeben.

*Wärterin* Amme, Erzieherin

*Busen* Ausschnitt des Kleides

*auf Gold und Silber* auf Gold- und Silbergeschirr

*damastenen* seidenen

*flog dahin* hier: wurde verkauft

*Ihren Herzog nach Hamburg* → Seite 145

**Lady** *kommt zurück, und hat sich zu sammeln gesucht.* Hören Sie weiter. Der Fürst überraschte zwar meine wehrlose Jugend – aber das Blut der Norfolk empörte sich in mir: Du eine geborene Fürstin, Emilie, rief es, und jetzt eines Fürsten Konkubine? – Stolz und Schicksal kämpften in meiner Brust, als der Fürst mich hieher brachte, und auf einmal die schauderndste Szene vor meinen Augen stand. – Die Wollust der Großen dieser Welt ist die nimmersatte Hyäne, die sich mit Heißhunger Opfer sucht. – Fürchterlich hatte sie schon in diesem Lande gewütet – hatte Braut und Bräutigam zertrennt – hatte selbst der Ehen göttliches Band zerrissen – – hier das stille Glück einer Familie geschleift – dort ein junges unerfahrnes Herz der verheerenden Pest aufgeschlossen, und sterbende Schülerinnen schäumten den Namen ihres Lehrers unter Flüchen und Zuckungen aus – Ich stellte mich zwischen das Lamm und den Tiger; nahm einen fürstlichen Eid von ihm in einer Stunde der Leidenschaft, und diese abscheuliche Opferung musste aufhören.

**Ferdinand** *rennt in der heftigsten Unruhe durch den Saal.* Nichts mehr Mylady! Nicht weiter!

**Lady.** Diese traurige Periode hatte einer noch traurigern Platz gemacht. Hof und Serail wimmelten jetzt von Italiens Auswurf. Flatterhafte Pariserinnen tändelten mit dem furchtbaren Zepter, und das Volk blutete unter ihren Launen – Sie alle erlebten ihren Tag. Ich sah sie neben mir in den Staub sinken, denn ich war mehr Kokette, als sie alle. Ich nahm dem Tyrannen den Zügel ab, der wollüstig in meiner Umarmung erschlappte – dein Vaterland, Walter, fühlte zum ersten Mal eine Menschenhand, und sank vertrauend an meinen Busen. *Pause, worin sie ihn schmelzend ansieht.* O dass der Mann, von dem ich allein nicht verkannt sein möchte, mich jetzt zwingen muss,

*Konkubine* Geliebte

*Hyäne* hier im übertragenen Sinn für einen hemmungslosen Menschen

*geschleift* hier: zerstört

*Schülerinnen* hier: die jungen Frauen, die der Herzog verführt hat

*Serail* Palast (des Sultans), Harem

*Italiens Auswurf* → Seite 145

*tändelten* spielten (sorglos) herum

*ihren Tag* ihren letzten Tag

*Kokette* hier: verführerische Frau

*erschlappte* erschlaffte

groß zu prahlen, und meine stille Tugend am Licht der Bewunderung zu versengen! – Walter, ich habe Kerker gesprengt – habe Todesurteile zerrissen, und manche entsetzliche Ewigkeit auf Galeeren verkürzt. In unheilbare Wunden hab ich doch wenigstens stillenden Balsam gegossen – mächtige Frevler in Staub gelegt, und die verlorne Sache der Unschuld oft noch mit einer buhlerischen Träne gerettet – Ha Jüngling! wie süß war mir das! Wie stolz konnte mein Herz jede Anklage meiner fürstlichen Geburt widerlegen! – Und jetzt kommt der Mann, der allein mir das alles belohnen sollte – der Mann, den mein erschöpftes Schicksal vielleicht zum Ersatz meiner vorigen Leiden schuf – der Mann, den ich mit brennender Sehnsucht im Traum schon umfasse –

**Ferdinand** *fällt ihr ins Wort, durch und durch erschüttert.* Zu viel! Zu viel! Das ist wider die Abrede, Lady. Sie sollten sich von Anklagen reinigen, und machen mich zu einem Verbrecher. Schonen Sie – ich beschwöre Sie – schonen Sie meines Herzens, das Beschämung und wütende Reue zerreißen –

**Lady** *hält seine Hand fest.* Jetzt oder nimmermehr. Lange genug hielt die Heldin stand – Das Gewicht dieser Tränen musst du noch fühlen. *Im zärtlichsten Ton.* Höre Walter – wenn eine Unglückliche – unwiderstehlich allmächtig an Dich gezogen – sich an Dich presst mit einem Busen voll glühender unerschöpflicher Liebe, – Walter – und Du jetzt noch das kalte Wort Ehre sprichst – Wenn diese Unglückliche – niedergedrückt vom Gefühl ihrer Schande – des Lasters überdrüssig – heldenmäßig emporgehoben vom Rufe der Tugend – sich so – in Deine Arme wirft *sie umfasst ihn, beschwörend und feierlich* durch Dich gerettet – durch Dich dem Himmel wieder geschenkt sein will, oder *das Gesicht von ihm abgewandt, mit hohler*

*Galeeren* Ruderschiffen; schwere Straftäter wurden oft als Ruderer auf Galeeren eingesetzt, was ein besonders hartes Schicksal war.

*Balsam* Heilsalbengemisch

*buhlerischen Träne* (künstlichen) Träne der Mätresse

*erschöpftes* erfülltes

*zum Ersatz* zur Wiedergutmachung

*Abrede* Abmachung, Verabredung

*bebender Stimme* Deinem Bild zu entfliehen, dem fürchterlichen Ruf der Verzweiflung gehorsam, in noch abscheulichere Tiefen des Lasters wieder hinuntertaumelt –

**Ferdinand** *von ihr losreißend, in der schrecklichsten Bedrängnis.* Nein, beim großen Gott! Ich kann das nicht aushalten – Lady, ich muss – Himmel und Erde liegen auf mir – ich muss Ihnen ein Geständnis tun, Lady.

**Lady** *von ihm wegfliehend.* Jetzt nicht! Jetzt nicht, bei allem was heilig ist – In diesem entsetzlichen Augenblick nicht, wo mein zerrissenes Herz an tausend Dolchstichen blutet – Sei's Tod oder Leben – ich darf es nicht – ich will es nicht hören.

**Ferdinand.** Doch, doch beste Lady. Sie müssen es. Was ich Ihnen jetzt sagen werde, wird meine Strafbarkeit mindern, und eine warme Abbitte des Vergangenen sein – Ich habe mich in Ihnen betrogen, Mylady. Ich erwartete – ich wünschte, Sie meiner Verachtung würdig zu finden. Fest entschlossen Sie zu beleidigen, und Ihren Hass zu verdienen, kam ich her – Glücklich wir beide, wenn mein Vorsatz gelungen wäre! *Er schweigt eine Weile, darauf leiser und schüchterner.* Ich liebe Mylady – liebe ein bürgerliches Mädchen – Louisen Millerin – eines Musikus Tochter. *Lady wendet sich bleich von ihm weg, er fährt lebhafter fort.* Ich weiß, worein ich mich stürze; aber wenn auch Klugheit die Leidenschaft schweigen heißt, so redet die Pflicht desto lauter – Ich bin der Schuldige. Ich zuerst zerriss ihrer Unschuld goldenen Frieden – wiegte ihr Herz mit vermessenen Hoffnungen, und gab es verräterisch der wilden Leidenschaft preis. – Sie werden mich an Stand – an Geburt – an die Grundsätze meines Vaters erinnern – aber ich liebe – Meine Hoffnung steigt um so höher, je tiefer die Natur mit

*betrogen* hier: getäuscht

*Geburt* hier: vornehme Abstammung

Konvenienzen zerfallen ist. – Mein Entschluss und das Vorurteil! – Wir wollen sehen, ob die Mode oder die Menschheit auf dem Platz bleiben wird. *Lady hat sich unterdes bis an das äußerste Ende des Zimmers zurückgezogen, und hält das Gesicht mit beiden Händen bedeckt. Er folgt ihr dahin.* Sie wollten mir etwas sagen, Mylady?

**Lady** *im Ausdruck des heftigsten Leidens.* Nichts Herr von Walter! Nichts, als dass Sie Sich und Mich und noch eine Dritte zu Grund richten.

**Ferdinand.** Noch eine Dritte?

**Lady.** Wir können miteinander nicht glücklich werden. Wir müssen doch der Voreiligkeit Ihres Vaters zum Opfer werden. Nimmermehr werd ich das Herz eines Mannes haben, der mir seine Hand nur gezwungen gab.

**Ferdinand.** Gezwungen Lady? Gezwungen gab? und also doch gab? Können Sie eine Hand ohne Herz erzwingen? Sie einem Mädchen den Mann entwenden, der die ganze Welt dieses Mädchens ist? Sie einen Mann von dem Mädchen reißen, das die ganze Welt dieses Mannes ist? Sie Mylady – vor einem Augenblick die bewundernswürdige Britin? – Sie können das?

**Lady.** Weil ich es muss. *Mit Ernst und Stärke.* Meine Leidenschaft, Walter, weicht meiner Zärtlichkeit für Sie. Meine Ehre kann's nicht mehr – Unsre Verbindung ist das Gespräch des ganzen Landes. Alle Augen, alle Pfeile des Spotts sind auf mich gespannt. Die Beschimpfung ist unauslöschlich, wenn ein Untertan des Fürsten mich ausschlägt. Rechten Sie mit Ihrem Vater. Wehren Sie sich so gut Sie können. – Ich lass alle Minen sprengen.

*Sie geht schnell ab. Der Major bleibt in sprachloser Erstarrung stehn. Pause. Dann stürzt er fort durch die Flügeltüre.*

*Konvenienzen* gesellschaftliche Verhaltensnormen, Vorstellungen von Schicklichkeit

*auf dem Platz bleiben* (bei einem Duell) unterliegen

*doch* nichtsdestotrotz

*alle Minen sprengen* Redensart aus dem Militärwesen; gemeint ist: alle verfügbaren Kampfmittel gleichzeitig einsetzen

## Vierte Szene

*Zimmer beim Musikanten.*

**Miller,** *Frau* **Millerin, Louise** *treten auf.*

**Miller** *hastig ins Zimmer.* Ich hab's ja zuvor gesagt!

**Louise** *sprengt ihn ängstlich an.* Was, Vater, Was?

**Miller** *rennt wie toll auf und nieder.* Meinen Staatsrock her – hurtig – ich muss ihm zuvorkommen – und ein weißes Manschettenhemd! – Das hab ich mir gleich eingebildet!

**Louise.** Um Gottes willen! Was?

**Millerin.** Was gibt's denn? Was ist's denn?

**Miller** *wirft seine Perücke ins Zimmer.* Nur gleich zum Friseur das! – Was es gibt? *Vor den Spiegel gesprungen.* Und mein Bart ist auch wieder fingerslang – Was es gibt? – Was wird's geben, du Rabenaas? – Der Teufel ist los, und dich soll das Wetter schlagen.

**Frau.** Da sehe man! Über mich muss gleich alles kommen.

**Miller.** Über dich? Ja blaues Donnermaul und über wen anders? Heute früh mit deinem diabolischen Junker – Hab ich's nicht im Moment gesagt? – Der Wurm hat geplaudert.

**Frau.** Ah was! Wie kannst du das wissen?

**Miller.** Wie kann ich das wissen? – Da! – unter der Haustüre spukt ein Kerl des Ministers, und fragt nach dem Geiger.

**Louise.** Ich bin des Todes.

**Miller.** Du aber auch mit deinen Vergissmeinnichtsaugen *Lacht voll Bosheit.* Das hat seine Richtigkeit, wem der Teufel ein Ei in die Wirtschaft gelegt hat, dem wird eine hübsche Tochter geboren – Jetzt hab ich's blank!

**Frau.** Woher weißt du denn, dass es der Louise gilt? –

*sprengt ihn ängstlich an* stürzt angstvoll auf ihn zu

*eingebildet* hier: gedacht

*Rabenaas* Schimpfwort für jemanden, der nach dem Willen des Sprechers den Raben zum Fraß vorgeworfen werden sollte

*das Wetter schlagen* der Blitz treffen

*blaues Donnermaul* ›blau‹ hier als Verstärkung des Fluches

*diabolischen* teuflischen

*Jetzt hab ich's blank!* Jetzt ist es mir klar!

Du kannst dem Herzog rekommendiert worden sein. Er kann dich ins Orchester verlangen.

**Miller** *springt nach seinem Rohr.* Dass dich der Schwefelregen von Sodom! – Orchester! – Ja, wo du Kupplerin den Diskant wirst heulen, und mein blauer Hinterer den Konterbass vorstellen. *Wirft sich in seinen Stuhl.* Gott im Himmel!

**Louise** *setzt sich totenbleich nieder.* Mutter! Vater! Warum wird mir auf einmal so bange?

**Miller** *springt wieder vom Stuhl auf.* Aber soll mir der Dintenkleckser einmal in den Schuss laufen? – Soll er mir laufen? – Es sei in dieser oder in jener Welt – Wenn ich ihm nicht Leib und Seele breiweich zusammendresche, alle zehen Gebote und alle sieben Bitten im Vaterunser, und alle Bücher Mosis und der Propheten aufs Leder schreibe, dass man die blaue Flecken bei der Auferstehung der Toten noch sehen soll –

**Frau.** Ja! fluch du und poltre du! Das wird jetzt den Teufel bannen. Hilf heiliger Herregott! Wohinaus nun? Wie werden wir Rat schaffen? Was nun anfangen? Vater Miller, so rede doch! *Sie läuft heulend durchs Zimmer.*

**Miller.** Auf der Stell zum Minister will ich. Ich zuerst will mein Maul auftun – Ich selbst will es angeben. Du hast es vor mir gewusst. Du hättest mir einen Wink geben können. Das Mädel hätt sich noch weisen lassen. Es wäre noch Zeit gewesen – aber Nein! – Da hat sich was makeln lassen; da hat sich was fischen lassen! Da hast du noch Holz obendrein zugetragen! – Jetzt sorg auch für deinen Kuppelpelz. Friss aus, was du einbrocktest. Ich nehme meine Tochter in Arm, und marsch mit ihr über die Grenze.

*rekommendiert* empfohlen

*Rohr* aus spanischem Rohr gefertigter Spazierstock

*Sodom* → Seite 145

*Diskant* höchste Stimmlage, Sopran

*blauer* blau geprügelter

*Dintenkleckser* → Seite 145

*in den Schuss laufen* in die Hände fallen

*aufs Leder* auf die Haut

*angeben* anzeigen; gemeint ist: das Verhältnis von Ferdinand und Louise ansprechen

*makeln* etwas vermitteln, ein Geschäft machen

*was fischen* Gewinn machen

*Kuppelpelz* → Seite 146

## Fünfte Szene

**Ferdinand von Walter,**
*stürzt erschrocken und außer Atem ins Zimmer.*
*Die* **Vorigen.**

**Ferdinand.** War mein Vater da?

**Louise** *fährt mit Schrecken auf.* Sein Vater! allmächtiger Gott!

**Frau** *schlägt die Hände zusammen.* Der Präsident! Es ist aus mit uns!

**Miller** *lacht voll Bosheit.* Gottlob! Gottlob! Da haben wir ja die Bescherung!

*alle zugleich*

*Bosheit* verzweifelter Bitterkeit

**Ferdinand** *eilt auf Louisen zu, und drückt sie stark in die Arme.* M e i n bist du, und wärfen Höll und Himmel sich zwischen uns.

**Louise.** Mein Tod ist gewiss – Rede weiter – Du sprachst einen schrecklichen Namen aus – dein Vater?

**Ferdinand.** Nichts. Nichts. Es ist überstanden. Ich hab dich ja wieder. Du hast mich ja wieder. O lass mich Atem schöpfen an dieser Brust. Es war eine schreckliche Stunde.

**Louise.** Welche? Du tötest mich!

**Ferdinand** *tritt zurück, und schaut sie bedeutend an.* Eine Stunde, Louise, wo zwischen mein Herz und Dich eine f r e m d e Gestalt sich warf – wo meine Liebe vor meinem Gewissen erblasste – wo meine Louise aufhörte, ihrem Ferdinand a l l e s zu sein – –

**Louise** *sinkt mit verhülltem Gesicht auf den Sessel nieder.*

**Ferdinand** *geht schnell auf sie zu, bleibt sprachlos mit starrem Blick vor ihr stehen, dann verlässt er sie plötzlich, in großer Bewegung.* Nein! Nimmermehr! Unmöglich Lady! Z u v i e l verlangt! Ich kann dir diese Unschuld nicht opfern – Nein beim unendlichen Gott! ich kann meinen Eid nicht verletzen, der mich laut wie des Himmels Donner aus diesem brechenden Auge mahnt – Lady blick hieher – hieher du Rabenvater – Ich soll diesen Engel würgen? Die Hölle soll ich in diesen himmlischen Busen schütten? *Mit Entschluss auf sie zu eilend.* Ich will sie führen vor des Weltrichters Thron, und ob meine Liebe Verbrechen ist, soll der Ewige sagen. *Er fasst sie bei der Hand, und hebt sie vom Sessel.* Fasse Mut meine Teuerste! – Du hast gewonnen. Als Sieger komm ich aus dem gefährlichsten Kampf zurück.

**Louise.** Nein! Nein! Verhehle mir nichts! Sprich es aus das entsetzliche Urteil. Deinen Vater nanntest du? Du nanntest die Lady? – Schauer des Todes ergreifen mich – Man sagt, sie wird heiraten.

> *Verhehle* Verschweige, verheimliche

**Ferdinand** *stürzt betäubt zu Louisens Füßen nieder.* Mich, Unglückselige!

**Louise** *nach einer Pause, mit stillem bebendem Ton und schrecklicher Ruhe.* Nun – was erschreck ich denn? – Der alte Mann dort hat mir's ja oft gesagt – ich hab es ihm nie glauben wollen. *Pause, dann wirft sie sich Millern laut weinend in den Arm.* Vater, hier ist deine Tochter wieder – Verzeihung Vater – Dein Kind kann ja nicht dafür, dass dieser Traum so schön war, und – – so fürchterlich jetzt das Erwachen – –

**Miller.** Louise! Louise! – O Gott sie ist von sich – Meine Tochter, mein armes Kind – Fluch über den Verführer! – Fluch über das Weib, das ihm kuppelte!

> *das ihm kuppelte* das ihm als Kupplerin diente

**Frau** *wirft sich jammernd auf Louisen.* Verdien ich diesen Fluch, meine Tochter? Vergeb's Ihnen Gott, Baron – Was hat dieses Lamm getan, dass Sie es würgen?

**Ferdinand** *springt an ihr auf, voll Entschlossenheit.* Aber ich will seine Kabalen durchbohren – durchreißen will ich alle diese eiserne Ketten des Vorurteils – Frei wie ein Mann will ich wählen, dass diese Insektenseelen am Riesenwerk meiner Liebe hinaufschwindeln. *Er will fort.*

*Insektenseelen* niedere, minderwertige Seelen bzw. Geschöpfe

*hinaufschwindeln* beim Hinaufschauen vom Schwindel erfasst werden

**Louise** *zittert vom Sessel auf, folgt ihm.* Bleib! Bleib! Wohin willst du? – Vater – Mutter – in dieser bangen Stunde verlässt er uns?

*zittert vom Sessel auf* erhebt sich zitternd aus dem Sessel

**Frau** *eilt ihm nach, hängt sich an ihn.* Der Präsident wird hieherkommen – Er wird unser Kind misshandeln – Er wird uns misshandeln – Herr von Walter, und Sie verlassen uns?

**Miller** *lacht wütend.* Verlässt uns! Freilich! Warum nicht? – Sie gab ihm ja alles hin! *Mit der einen Hand den Major, mit der andern Louisen fassend.* Geduld Herr! der Weg aus meinem Hause geht nur über Diese da – Erwarte erst deinen Vater, wenn du kein Bube bist – Erzähl es ihm, wie du dich in ihr Herz stahlst, Betrüger, oder bei Gott *ihm seine Tochter zuschleudernd, wild und heftig* Du sollst mir zuvor diesen wimmernden Wurm zertreten, den Liebe zu Dir so zu Schanden richtete.

*Bube* hier: Schuft, Schurke

**Ferdinand** *kommt zurück, und geht auf und ab in tiefen Gedanken.* Zwar die Gewalt des Präsidenten ist groß – Vaterrecht ist ein weites Wort – der Frevel selbst kann sich in seinen Falten verstecken – er kann es weit damit treiben – Weit! – Doch aufs Äußerste treibt's nur die Liebe – Hier Louise! Deine Hand in die meinige. *Er fasst diese heftig.* So wahr mich Gott im letzten Hauch nicht verlassen soll! – Der Augenblick, der diese zwo Hände trennt, zerreißt auch den Faden zwischen Mir und der Schöpfung.

**Louise.** Mir wird bange! Blick weg! Deine Lippen beben. Dein Auge rollt fürchterlich –

**Ferdinand.** Nein Louise. Zittre nicht. Es ist nicht Wahnsinn was aus mir redet. Es ist das köstliche Geschenk des Himmels, Entschluss in dem geltenden Augenblick,

*geltenden* entscheidenden

wo die gepresste Brust nur durch etwas Unerhörtes sich Luft macht – Ich liebe dich Louise – Du sollst mir bleiben, Louise – Jetzt zu meinem Vater.
*Er eilt schnell fort und rennt – gegen den Präsidenten.*

## Sechste Szene

*Der* **Präsident** *mit einem Gefölge von* **Bedienten. Vorige.**

**Präsident** *im Hereintreten.* Da ist er schon.
*Alle erschrocken.*
**Ferdinand** *weicht einige Schritte zurücke.* Im Hause der Unschuld.
**Präsident.** Wo der Sohn Gehorsam gegen den Vater lernt?
**Ferdinand.** Lassen Sie uns das – –
**Präsident** *unterbricht ihn, zu Millern.* Er ist der Vater?
**Miller.** Stadtmusikant Miller.
**Präsident** *zur Frau.* Sie die Mutter?
**Frau.** Ach ja! die Mutter.
**Ferdinand** *zu Millern.* Vater, bring Er die Tochter weg – Sie droht eine Ohnmacht.
**Präsident.** Überflüssige Sorgfalt. Ich will sie anstreichen. *Zu Louisen.* Wie lang kennt Sie den Sohn des Präsidenten?
**Louise.** Diesem habe ich nie nachgefragt. Ferdinand von Walter besucht mich seit dem November.
**Ferdinand.** Betet sie an.
**Präsident.** Erhielt Sie Versicherungen?
**Ferdinand.** Vor wenig Augenblicken die feierlichste im Angesicht Gottes.
**Präsident** *zornig zu seinem Sohn.* Zur Beichte d e i n e r Torheit wird man dir schon das Zeichen geben. *Zu Louisen.* Ich warte auf Antwort.

*Sie droht* Ihr droht

*will sie anstreichen* in übertragenem, ironischem Sinn: will schon dafür sorgen, dass ihr die Farbe ins Gesicht zurückkehrt (dass sie vor Scham über und über rot wird)

*Diesem habe ich nie nachgefragt* Dass Ferdinand der Sohn des Präsidenten ist, hat mich nie interessiert.

*Versicherungen* Treuschwüre bzw. das Eheversprechen

**Louise.** Er schwur mir Liebe.

**Ferdinand.** Und wird sie halten.

**Präsident.** Muss ich befehlen, dass du schweigst? – Nahm Sie den Schwur an?

**Louise** *zärtlich.* Ich erwiderte ihn.

**Ferdinand** *mit fester Stimme.* Der Bund ist geschlossen.

*das Echo* den durch seine Einwürfe störenden Ferdinand

**Präsident.** Ich werde das Echo hinauswerfen lassen. *Boshaft zu Louisen.* Aber er bezahlte Sie doch jederzeit bar?

**Louise** *aufmerksam.* Diese Frage verstehe ich nicht ganz.

*Verschluss* Geschlechtsakt

**Präsident** *mit beißendem Lachen.* Nicht? Nun! ich meine nur – Jedes Handwerk hat, wie man sagt, seinen goldenen Boden – auch Sie, hoff ich, wird Ihre Gunst nicht verschenkt haben – oder war's Ihr vielleicht mit dem bloßen Verschluss gedient? Wie?

**Ferdinand** *fährt wie rasend auf.* Hölle! was war das?

*jetzt sind Sie frei* → Seite 146

**Louise** *zum Major mit Würde und Unwillen.* Herr von Walter, jetzt sind Sie frei.

*befiehlt die* gebührt der

**Ferdinand.** Vater! Ehrfurcht befiehlt die Tugend auch im Bettlerkleid.

**Präsident** *lacht lauter.* Eine lustige Zumutung! Der Vater soll die Hure des Sohns respektieren.

**Louise** *stürzt nieder.* O Himmel und Erde!

*Sie hatten einmal ein Leben an mich zu fodern* → Seite 146

*für* hier: vor

**Ferdinand** *mit Louisen zu gleicher Zeit, indem er den Degen nach dem Präsidenten zückt, den er aber schnell wieder sinken lässt.* Vater! Sie hatten einmal ein Leben an mich zu fodern – Es ist bezahlt. *Den Degen einsteckend.* Der Schuldbrief der kindlichen Pflicht liegt zerrissen da –

*Halten zu Gnaden* Höflichkeitsformel

*Mähre* hier: verkommenes Weib

**Miller** *der bis jetzt furchtsam auf der Seite gestanden, tritt hervor in Bewegung, wechselsweis für Wut mit den Zähnen knirschend, und für Angst damit klappernd.* Euer Exzellenz – Das Kind ist des Vaters Arbeit – Halten zu Gnaden – Wer das Kind eine Mähre schilt, schlägt den Vater ans

Ohr, und Ohrfeig um Ohrfeig – Das ist so Tax bei uns – Halten zu Gnaden.

**Frau.** Hilf Herr und Heiland! – Jetzt bricht auch der Alte los – über unserm Kopf wird das Wetter zusammenschlagen.

**Präsident** *der es nur halb gehört hat.* Regt sich der Kuppler auch? – Wir sprechen uns gleich Kuppler.

**Miller.** Halten zu Gnaden. Ich heiße Miller, wenn Sie ein Adagio hören wollen – mit Buhlschaften dien ich nicht. Solang der Hof da noch Vorrat hat, kommt die Lieferung nicht an uns Bürgersleut. Halten zu Gnaden.

**Frau.** Um des Himmels willen, Mann! Du bringst Weib und Kind um.

**Ferdinand.** Sie spielen hier eine Rolle mein Vater, wobei Sie sich wenigstens die Zeugen hätten ersparen können.

**Miller** *kommt ihm näher, herzhafter.* Teutsch und verständlich. Halten zu Gnaden. Euer Exzellenz schalten und walten im Land. Das ist meine Stube. Mein devotestes Kompliment, wenn ich dermaleins ein Promemoria bringe, aber den ungehobelten Gast werf ich zur Tür hinaus – Halten zu Gnaden.

**Präsident** *vor Wut blass.* Was? – Was ist das? *Tritt ihm näher.*

**Miller** *zieht sich sachte zurück.* Das war nur so meine Meinung, Herr – Halten zu Gnaden.

**Präsident** *in Flammen.* Ha Spitzbube! Ins Zuchthaus spricht dich deine vermessene Meinung – Fort! Man soll Gerichtsdiener holen. *Einige vom Gefolg gehen ab; der Präsident rennt voll Wut durch das Zimmer.* Vater ins Zuchthaus – an den Pranger, Mutter und Metze von Tochter! – Die Gerechtigkeit soll meiner Wut ihre Arme borgen. Für diesen Schimpf muss ich schreckliche Genugtuung haben – Ein solches Gesindel sollte meine Plane zerschlagen, und ungestraft Vater und Sohn aneinander hetzen?

*Tax* Gebühr, festgesetzter Preis

*Adagio* langsames, zarte Gefühle weckendes Musikstück

*devotestes* ergebenstes, untertänigstes

*Kompliment* Empfehlung

*dermaleins* einstmals

*Promemoria* (lat.) Bittschrift, Gesuch

*Metze* Hure

*Plane* Pläne

– Ha Verfluchte! Ich will meinen Hass an eurem Untergang sättigen, die ganze Brut, Vater, Mutter und Tochter, will ich meiner brennenden Rache opfern.

**Ferdinand** *tritt gelassen und standhaft unter sie hin.* O nicht doch! Seid außer Furcht! Ich bin zugegen. *Zum Präsidenten mit Unterwürfigkeit.* Keine Übereilung mein Vater! Wenn Sie sich selbst lieben, keine Gewalttätigkeit – Es gibt eine Gegend in meinem Herzen, worin das Wort Vater noch nie gehört worden ist – Dringen Sie nicht bis in diese.

**Präsident.** Nichtswürdiger! Schweig! Reize meinen Grimm nicht noch mehr.

**Miller** *kommt aus einer dumpfen Betäubung zu sich selbst.* Schau du nach deinem Kinde, Frau. Ich laufe zum Herzog – Der Leibschneider – das hat mir Gott eingeblasen! – Der Leibschneider lernt die Flöte bei mir. Es kann mir nicht fehlen beim Herzog. *Er will gehen.*

*Leibschneider* Schneider, der für die Garderobe des Fürsten zuständig ist

*fehlen* fehlschlagen

**Präsident.** Beim Herzog sagst du? – Hast du vergessen, dass ich die Schwelle bin, worüber du springen oder den Hals brechen musst? – Beim Herzog du Dummkopf? – Versuch es, wenn du, lebendig tot, eine Turmhöhe tief, unter dem Boden im Kerker liegst, wo die Nacht mit der Hölle liebäugelt, und Schall und Licht wieder umkehren, rassle dann mit deinen Ketten und wimmre: Mir ist zu viel geschehen!

## Siebente Szene

**Gerichtsdiener.** *Die* **Vorigen.**

**Ferdinand** *eilt auf Louisen zu, die ihm halb tot in den Arm fällt.* Louise! Hilfe! Rettung! Der Schrecken überwältigte sie.

**Miller** *ergreift sein spanisches Rohr, setzt den Hut auf, und macht sich zum Angriff gefasst.*

**Frau** *wirft sich auf die Knie vor den Präsident.*

**Präsident** *zu den Gerichtsdienern, seinen Orden entblößend.* Legt Hand an im Namen des Herzogs – Weg von der Metze, Junge – Ohnmächtig oder nicht – Wenn sie nur erst das eiserne Halsband umhat, wird man sie schon mit Steinwürfen aufwecken.

*eiserne Halsband* ... mit dem Verurteilte an den Pranger gekettet wurden

**Frau.** Erbarmung Ihro Exzellenz! Erbarmung! Erbarmung!

**Miller** *reißt seine Frau in die Höhe.* Knie vor Gott alte Heulhure, und nicht vor – – Schelmen, weil ich ja doch schon ins Zuchthaus muss.

*doch schon* so oder so

**Präsident** *beißt die Lippen.* Du kannst dich verrechnen, Bube. Es stehen noch Galgen leer. *Zu den Gerichtsdienern.* Muss ich es noch einmal sagen?

**Gerichtsdiener** *dringen auf Louisen ein.*

**Ferdinand** *springt an ihr auf, und stellt sich vor sie, grimmig.* Wer will was?

*Er zieht den Degen samt der Scheide, und wehrt sich mit dem Gefäß.* Wag es, sie anzurühren, wer nicht auch die Hirnschale an die Gerichte vermietet hat.

*Gefäß* Griff des Degens

*Zum Präsidenten.* Schonen Sie Ihrer selbst. Treiben Sie mich nicht weiter mein Vater.

**Präsident** *drohend zu den Gerichtsdienern.* Wenn euch euer Brot lieb ist, Memmen –

*Memmen* Feiglinge

**Gerichtsdiener** *greifen Louisen wieder an.*

**Ferdinand.** Tod und alle Teufel! Ich sage: Zurück – Noch einmal. Haben Sie Erbarmen mit sich selbst. Treiben Sie mich nicht aufs Äußerste, Vater.

**Präsident** *aufgebracht zu den Gerichtsdienern.* Ist das euer Diensteifer, Schurken?

**Gerichtsdiener** *greifen hitziger an.*

**Ferdinand.** Wenn es denn sein muss *indem er den Degen*

*zieht, und einige von denselben verwundet*, so verzeih mir, Gerechtigkeit!

**Präsident** *voll Zorn.* Ich will doch sehen, ob auch ich diesen Degen fühle. *Er fasst Louisen selbst, zerrt sie in die Höh und übergibt sie einem Gerichtsknecht.*

*Pasquill* (ital.) Schmäh-, Spottschrift

**Ferdinand** *lacht erbittert.* Vater, Vater, Sie machen hier ein beißendes Pasquill auf die Gottheit, die sich so übel auf ihre Leute verstund, und aus vollkommenen Henkersknechten schlechte Minister machte.

**Präsident** *zu den übrigen.* Fort mit ihr!

**Ferdinand.** Vater, sie soll an dem Pranger stehn, aber mit dem Major, des Präsidenten Sohn – Bestehen Sie noch darauf?

*possierlicher* spaßiger

**Präsident.** Desto possierlicher wird das Spektakel – Fort!

**Ferdinand.** Vater! ich werfe meinen Offiziersdegen auf das Mädchen – Bestehen Sie noch darauf?

*Portepee* (frz.) Säbel-, Degenquaste

**Präsident.** Das Portepee ist an Deiner Seite des Prangerstehens gewohnt worden – Fort! Fort! Ihr wisst meinen Willen.

**Ferdinand** *drückt einen Gerichtsdiener weg, fasst Louisen mit einem Arm, mit dem andern zückt er den Degen auf sie.* Vater! Eh Sie meine Gemahlin beschimpfen, durchstoß ich sie – Bestehen Sie noch darauf?

*deine Klinge auch* gemeint ist: nicht nur deine Zunge

**Präsident.** Tu es, wenn deine Klinge auch spitzig ist.

**Ferdinand** *lässt Louisen fahren, und blickt fürchterlich zum Himmel.* Du Allmächtiger bist Zeuge! Kein menschliches Mittel ließ ich unversucht – ich muss zu einem teuflischen schreiten – Ihr führt sie zum Pranger fort, unterdessen *zum Präsidenten ins Ohr rufend* erzähl ich der Residenz eine Geschichte, wie man Präsident wird. *Ab.*

*Residenz* Hauptstadt

*ledig* frei, los

**Präsident** *wie vom Blitz gerührt.* Was ist das? – Ferdinand – Lasst sie ledig. *Er eilt dem Major nach.*

# Dritter Akt

## Erste Szene

*Saal beim Präsidenten.*

*Der* **Präsident** *und Sekretär* **Wurm** *kommen.*

**Präsident.** Der Streich war verwünscht.

**Wurm.** Wie ich befürchtete gnädiger Herr. Zwang erbittert die Schwärmer immer, aber bekehrt sie nie.

**Präsident.** Ich hatte mein bestes Vertrauen in diesen Anschlag gesetzt. Ich urteilte so: Wenn das Mädchen beschimpft wird, muss er, als Offizier, zurücktreten.

**Wurm.** Ganz vortrefflich. Aber zum Beschimpfen hätt' es auch kommen sollen.

**Präsident.** Und doch – wenn ich es jetzt mit kaltem Blut überdenke – Ich hätte mich nicht sollen eintreiben lassen. Es war eine Drohung, woraus er wohl nimmermehr Ernst gemacht hätte.

**Wurm.** Das denken Sie ja nicht. Der gereizten Leidenschaft ist keine Torheit zu bunt. Sie sagen mir, der Herr Major habe immer den Kopf zu Ihrer Regierung geschüttelt. Ich glaub's. Die Grundsätze, die er aus Akademien hieherbrachte, wollten mir gleich nicht recht einleuchten. Was sollten auch die fantastischen Träumereien von Seelengröße und persönlichem Adel an einem Hof, wo die größte Weisheit diejenige ist, im rechten Tempo, auf eine geschickte Art, Groß und Klein zu sein. Er ist zu jung und zu feurig, um Geschmack am langsamen krummen Gang der Kabale zu finden, und nichts wird seine Ambition in Bewegung setzen, als was groß ist und abenteuerlich.

*Streich* Schachzug (Ferdinands Drohung)

*eintreiben* bedrängen, in die Enge treiben, einschüchtern

*Akademien* Universitäten

*gleich* schon immer

*persönlichem Adel* der aus der Persönlichkeit kommende menschliche Adel im Gegensatz zum Geburts- bzw. Familienadel

*Ambition* Ehrgeiz

**Präsident** *verdrüßlich.* Aber was wird diese wohlweise Anmerkung an unserm Handel verbessern?

**Wurm.** Sie wird Euer Exzellenz auf die Wunde hinweisen, und auch vielleicht auf den Verband. Einen solchen Charakter – erlauben Sie – hätte man entweder nie zum Vertrauten, oder niemals zum Feind machen sollen. Er verabscheut das Mittel, wodurch Sie gestiegen sind. Vielleicht war es bis jetzt nur der Sohn, der die Zunge des Verräters band. Geben Sie ihm Gelegenheit, jenen rechtmäßig abzuschütteln. Machen Sie ihn durch wiederholte Stürme auf seine Leidenschaft glauben, dass Sie der zärtliche Vater nicht sind, so dringen die Pflichten des Patrioten bei ihm vor. Ja, schon allein die seltsame Fantasie, der Gerechtigkeit ein so merkwürdiges Opfer zu bringen, könnte Reiz genug für ihn haben, selbst seinen Vater zu stürzen.

**Präsident.** Wurm – Wurm – Er führt mich da vor einen entsetzlichen Abgrund.

**Wurm.** Ich will sie zurückführen, gnädiger Herr. Darf ich freimütig reden?

**Präsident** *indem er sich niedersetzt.* Wie ein Verdammter zum Mitverdammten.

**Wurm.** Also verzeihen Sie – Sie haben, dünkt mich, der biegsamen Hofkunst den ganzen Präsidenten zu danken, warum vertrauten Sie ihr nicht auch den Vater an? Ich besinne mich, mit welcher Offenheit Sie Ihren Vorgänger damals zu einer Partie Piquet beredeten, und bei ihm die halbe Nacht mit freundschaftlichem Burgunder hinwegschwemmten, und das war doch die nämliche Nacht wo die große Mine losgehen, und den guten Mann in die Luft blasen sollte – Warum zeigten Sie Ihrem Sohne den Feind? Nimmermehr hätte dieser erfahren sollen, dass ich um seine Liebesangelegenheit wisse. Sie hätten den Roman von Seiten des Mädchens unterhöhlt, und das

*Partie Piquet* (frz.) Kartenspiel für zwei Personen

*Burgunder* Burgunderwein

*Mine* Sprengkörper

*Roman* hier: Liebesgeschichte

Herz Ihres Sohnes behalten. Sie hätten den klugen General gespielt, der den Feind nicht am Kern seiner Truppen fasst, sondern Spaltungen unter den Gliedern stiftet.

**Präsident.** Wie war das zu machen?

**Wurm.** Auf die einfachste Art – und die Karten sind noch nicht ganz vergeben. Unterdrücken Sie eine Zeit lang, dass Sie Vater sind. Messen Sie sich mit einer Leidenschaft nicht, die jeder Widerstand nur mächtiger machte – Überlassen Sie es mir, an ihrem eigenen Feuer den Wurm auszubrüten, der sie zerfrisst.

**Präsident.** Ich bin begierig.

**Wurm.** Ich müsste mich schlecht auf den Barometer der Seele verstehen, oder der Herr Major ist in der Eifersucht schrecklich, wie in der Liebe. Machen Sie ihm das Mädchen verdächtig – – Wahrscheinlich oder nicht. Ein Gran Hefe reicht hin, die ganze Masse in eine zerstörende Gärung zu jagen.

*Gran* (vgl. lat. ›granum‹: ›Korn‹) kleinste Gewichtseinheit der Apothekerwaage

**Präsident.** Aber woher diesen Gran nehmen?

**Wurm.** Da sind wir auf dem Punkt – Vor allen Dingen, gnädiger Herr, erklären Sie sich mir, wie viel Sie bei der fernern Weigerung des Majors auf dem Spiel haben – in welchem Grade es Ihnen wichtig ist, den Roman mit dem Bürgermädchen zu endigen, und die Verbindung mit Lady Milford zu Stand zu bringen?

**Präsident.** Kann Er noch fragen Wurm? – Mein ganzer Einfluss ist in Gefahr, wenn die Partie mit der Lady zurückgeht, und wenn ich den Major zwinge, mein Hals.

*zurückgeht* scheitert

**Wurm** *munter.* Jetzt haben Sie die Gnade und hören. – Den Herrn Major umspinnen wir mit List. Gegen das Mädchen nehmen wir Ihre ganze Gewalt zu Hilfe. Wir diktieren ihr ein Billetdoux an eine dritte Person in die Feder, und spielen das mit guter Art dem Major in die Hände.

*Billetdoux* Liebesbrief

*mit guter Art* auf geschickte Weise

**Präsident.** Toller Einfall! Als ob sie sich so geschwind hin bequemen würde, ihr eigenes Todesurteil zu schreiben?

**Wurm.** Sie *muss*, wenn Sie mir freie Hand lassen wollen. Ich kenne das gute Herz auf und nieder. Sie hat nicht mehr als zwo tödliche Seiten, durch welche wir ihr Gewissen bestürmen können – ihren Vater und den Major. Der letztere bleibt ganz und gar aus dem Spiel, desto freier können wir mit dem Musikanten umspringen.

**Präsident.** Als zum Exempel?

*Als zum Exempel?* Wie zum Beispiel?

**Wurm.** Nach dem, was Euer Exzellenz mir von dem Auftritt in seinem Hause gesagt haben, wird nichts leichter sein, als den Vater mit einem Halsprozess zu bedrohen. Die Person des Günstlings und Siegelbewahrers ist gewissermaßen der Schatten der Majestät – Beleidigungen gegen jenen sind Verletzungen dieser – Wenigstens will ich den armen Schächer mit diesem zusammengeflickten Kobold durch ein Nadelöhr jagen.

*Halsprozess* Prozess, in dem die Todesstrafe droht

*Siegelbewahrers* → Seite 146

*armen Schächer* → Seite 146

*durch ein Nadelöhr jagen* → Seite 146

**Präsident.** Doch – ernsthaft dürfte der Handel nicht werden.

**Wurm.** Ganz und gar nicht – Nur insoweit als es nötig ist, die Familie in die Klemme zu treiben – Wir setzen also in aller Stille den Musikus fest – Die Not um so dringender zu machen, könnte man auch die Mutter mitnehmen, – sprechen von peinlicher Anklage, von Schafott, von ewiger Festung, und machen den *Brief der Tochter* zur einzigen Bedingnis seiner Befreiung.

*peinlicher Anklage* → Seite 146

*Schafott* Hinrichtungsstätte, auf der die Verurteilten enthauptet wurden

*ewiger Festung* lebenslänglicher Festungshaft

**Präsident.** Gut! Gut! Ich verstehe.

**Wurm.** Sie liebt ihren Vater – bis zur Leidenschaft möcht ich sagen. Die Gefahr seines Lebens – seiner Freiheit zum mindesten – Die Vorwürfe ihres Gewissens den Anlass dazu gegeben zu haben – Die Unmöglichkeit, den Major zu besitzen – endlich die Betäubung ihres Kopfs, die ich auf *mich* nehme – Es kann nicht fehlen – Sie *muss* in die Falle gehn.

**Präsident.** Aber mein Sohn? Wird der nicht auf der Stelle Wind davon haben? Wird er nicht wütender werden?

**Wurm.** Das lassen Sie meine Sorge sein, gnädiger Herr – Vater und Mutter werden nicht eher frei gelassen, bis die ganze Familie einen körperlichen Eid darauf abgelegt, den ganzen Vorgang geheim zu halten, und den Betrug zu bestätigen.

**Präsident.** Einen Eid? Was wird ein Eid fruchten, Dummkopf?

**Wurm.** Nichts bei uns gnädiger Herr. Bei dieser Menschenart alles – Und sehen Sie nun, wie schön wir beide auf diese Manier zum Ziel kommen werden – Das Mädchen verliert die Liebe des Majors, und den Ruf ihrer Tugend. Vater und Mutter ziehen gelindere Saiten auf, und durch und durch weich gemacht von Schicksalen dieser Art, erkennen sie's noch zuletzt für Erbarmung, wenn ich der Tochter durch meine Hand ihre Reputation wiedergebe.

**Präsident** *lacht unter Kopfschütteln.* Ja! ich gebe mich dir überwunden, Schurke. Das Geweb ist satanisch fein. Der Schüler übertrifft seinen Meister – – Nun ist die Frage, an Wen das Billett muss gerichtet werden? Mit Wem wir sie in Verdacht bringen müssen?

**Wurm.** Notwendig mit jemand, der durch den Entschluss Ihres Sohnes alles gewinnen oder alles verlieren muss.

**Präsident** *nach einigem Nachdenken.* Ich weiß nur den Hofmarschall.

**Wurm** *zuckt die Achseln.* Mein Geschmack wär er nun freilich nicht, wenn ich Louise Millerin hieße.

**Präsident.** Und warum nicht? Wunderlich! Eine blendende Garderobe – eine Atmosphäre von Eau de mille fleurs und Bisam – auf jedes alberne Wort eine Handvoll Dukaten – und alles das sollte die Delikatesse einer bürgerlichen

*körperlichen Eid* feierlichen Eid auf die Bibel

*ziehen gelindere Saiten auf* werden nachsichtiger

*Reputation* (gesellschaftliches) Ansehen, guter Ruf

*Eau de mille fleurs* (frz.) ›Tausendblütenwasser‹; ein Duftwasser, Parfum

*auf jedes alberne Wort eine Handvoll Dukaten* Anspielung auf den Reichtum des Hofmarschalls

*Delikatesse* hier: Zartgefühl, Feingefühl

Dirne nicht endlich bestechen können? – O guter Freund. So skrupulös ist die Eifersucht nicht. Ich schicke zum Marschall. *Klingelt.*

*skrupulös* peinlich genau; gemeint ist: So genau nimmt es die Eifersucht nicht.

**Wurm.** Unterdessen, dass Euer Exzellenz dieses, und die Gefangennehmung des Geigers besorgen, werd ich hingehen, und den bewussten Liebesbrief aufsetzen.

**Präsident** *zum Schreibpult gehend.* Den Er mir zum Durchlesen heraufbringt, sobald er zu Stand sein wird. *Wurm geht ab. Der Präsident setzt sich zu schreiben; ein Kammerdiener kommt; er steht auf, und gibt ihm ein Papier.* Dieser Verhaftsbefehl muss ohne Aufschub in die Gerichte – ein andrer von euch wird den Hofmarschall zu mir bitten.

*zu Stand* fertig

**Kammerdiener.** Der gnädige Herr sind soeben hier angefahren.

**Präsident.** Noch besser – Aber die Anstalten sollen mit Vorsicht getroffen werden, sagt Ihr, dass kein Aufstand erfolgt.

*die Anstalten* die Vorkehrungen (die nötig sind, um Miller zu verhaften)

**Kammerdiener.** Sehr wohl, Ihr' Exzellenz.

**Präsident.** Versteht Ihr? Ganz in der Stille.

**Kammerdiener.** Ganz gut, Ihr' Exzellenz. *Ab.*

*Aufstand* Aufsehen, öffentlicher Protest

## Zweite Szene

*Der* **Präsident** *und der* **Hofmarschall.**

**Hofmarschall** *eilfertig.* Nur en passant mein Bester – Wie leben Sie? Wie befinden Sie sich? – Heute Abend ist große Opera Dido – das süperbeste Feuerwerk – eine ganze Stadt brennt zusammen – Sie sehen sie doch auch brennen? Was?

*en passant* (frz.) im Vorbeigehen, beiläufig

*Opera Dido* → Seite 146

*süperbeste* eingedeutschter Superlativ des frz. Adjektivs ›superbe‹: ›prächtig‹

**Präsident.** Ich habe Feuerwerks genug in meinem eigenen Hause, das meine ganze Herrlichkeit in die Luft nimmt –

Sie kommen erwünscht, lieber Marschall, mir in einer Sache zu raten, tätig zu helfen, die uns beide poussiert oder völlig zu Grund richtet. Setzen Sie sich.

*poussiert* (frz.) voranbringt

**Hofmarschall.** Machen Sie mir nicht Angst, mein Süßer.

**Präsident.** Wie gesagt – poussiert oder ganz zu Grund richtet. Sie wissen mein Projekt mit dem Major und der Lady. Sie begreifen auch, wie unentbehrlich es war, unser beider Glück zu fixieren. Es kann alles zusammenfallen Kalb. Mein Ferdinand will nicht.

*zu fixieren* zu befestigen, sicherzustellen

**Hofmarschall.** Will nicht – will nicht – ich hab's ja in der ganzen Stadt schon herumgesagt. Die Mariage ist ja in jedermanns Munde.

**Präsident.** Sie können vor der ganzen Stadt als Windmacher dastehen. Er liebt eine andere.

*Windmacher* Schwätzer

**Hofmarschall.** Sie scherzen. Ist das auch wohl ein Hindernis?

**Präsident.** Bei dem Trotzkopf das unüberwindlichste.

**Hofmarschall.** Er sollte so wahnsinnig sein, und sein Fortune von sich stoßen? Was?

*Fortune* (frz.) Glück

**Präsident.** Fragen Sie ihn das und hören Sie, was er antwortet.

**Hofmarschall.** Aber mon Dieu! Was kann er denn antworten?

*mon Dieu* (frz.) mein Gott

**Präsident.** Dass er der ganzen Welt das Verbrechen entdecken wolle, wodurch wir gestiegen sind – dass er unsere falschen Briefe und Quittungen angeben – dass er uns beide ans Messer liefern wolle – Das kann er antworten.

**Hofmarschall.** Sind Sie von Sinnen?

**Präsident.** Das hat er geantwortet. Das war er schon willens ins Werk zu richten – Davon hab ich ihn kaum noch durch meine höchste Erniedrigung abgebracht. Was wissen Sie hierauf zu sagen?

*ins Werk zu richten* in Gang zu setzen, zu bewerkstelligen

**Hofmarschall** *mit einem Schafsgesicht.* Mein Verstand steht still.

**Präsident.** Das könnte noch hingehen. Aber zugleich hinterbringen mir meine Spionen, dass der Oberschenk von Bock auf dem Sprunge sei, um die Lady zu werben.

**Hofmarschall.** Sie machen mich rasend. *Wer* sagen Sie? Von Bock, sagen Sie? – Wissen Sie denn auch, dass wir Todfeinde zusammen sind? Wissen Sie auch, warum wir es sind?

**Präsident.** Das erste Wort, das ich höre.

**Hofmarschall.** Bester! Sie werden hören und aus der Haut werden Sie fahren – Wenn Sie sich noch des Hofballs entsinnen – – es geht jetzt ins einundzwanzigste Jahr – wissen Sie, worauf man den ersten Englischen tanzte, und dem Grafen von Meerschaum das heiße Wachs von einem Kronleuchter auf den Domino tröpfelte – Ach Gott! das müssen Sie freilich noch wissen!

**Präsident.** Wer könnte so was vergessen?

**Hofmarschall.** Sehen Sie! Da hatte Prinzessin Amalie in der Hitze des Tanzes ein Strumpfband verloren. – Alles kommt, wie begreiflich ist, in Alarm – von Bock und Ich – Wir waren noch Kammerjunker – wir kriechen durch den ganzen Redoutensaal, das Strumpfband zu suchen – endlich erblick ich's – von Bock merkt's – von Bock darauf zu – reißt es mir aus den Händen – ich bitte Sie! – bringt's der Prinzessin und schnappt mir glücklich das Kompliment weg – Was denken Sie?

**Präsident.** Impertinent!

**Hofmarschall.** Schnappt mir das Kompliment weg – Ich meine in Ohnmacht zu sinken. Eine solche Malice ist gar nicht erlebt worden. – Endlich ermann ich mich, nähere mich Ihrer Durchlaucht und spreche: Gnädigste Frau! von Bock war so glücklich, Höchstdenenselben das Strumpfband zu überreichen, aber wer das Strumpfband zuerst erblickte, belohnt sich in der Stille und schweigt.

**Präsident.** Bravo Marschall! Bravissimo!

*Oberschenk* Mundschenk, ein Hofbeamter, der den Weinkeller des Fürsten beaufsichtigte

*Englischen* auch ›Anglaise‹; ein lebhafter englischer Gesellschaftstanz des 18. Jhs

*Domino* langer schwarzer Kapuzenumhang, hier als Kostüm für einen Maskenball

*in Alarm* in Aufruhr, Aufregung

*Kammerjunker* verbreitete Rangbezeichnung junger Adliger bei Hofe

*Redoutensaal* Ballsaal

*Impertinent* (lat.) Unerhört, unverschämt

*Malice* (frz.) Arglist, Bosheit, Gemeinheit

**Hofmarschall.** Und schweigt – Aber ich werd's dem von Bock bis zum jüngsten Gerichte noch nachtragen – der niederträchtige kriechende Schmeichler! – und das war noch nicht genug – Wie wir beide zugleich auf das Strumpfband zu Boden fallen, wischt mir von Bock an der rechten Frisur allen Puder weg, und ich bin ruiniert auf den ganzen Ball.

**Präsident.** Das ist der Mann, der die Milford heuraten, und die erste Person am Hof werden wird.

**Hofmarschall.** Sie stoßen mir ein Messer ins Herz. Wird? Wird? Warum wird er? Wo ist die Notwendigkeit?

**Präsident.** Weil mein Ferdinand nicht will, und sonst keiner sich meldet.

**Hofmarschall.** Aber wissen Sie denn gar kein einziges Mittel, den Major zum Entschluss zu bringen? – – Sei's auch noch so bizarr! so verzweifelt! – Was in der Welt kann so widrig sein, das uns jetzt nicht willkommen wäre, den verhassten von Bock auszustechen?

*bizarr* (frz.) absonderlich, seltsam

**Präsident.** Ich weiß nur eines, und das bei Ihnen steht.

**Hofmarschall.** Bei mir steht? Und das ist?

*bei Ihnen steht* hängt von Ihnen ab

**Präsident.** Den Major mit seiner Geliebten zu entzweien.

**Hofmarschall.** Zu entzweien? Wie meinen Sie das? – und wie mach ich das?

**Präsident.** Alles ist gewonnen, sobald wir ihm das Mädchen verdächtig machen.

**Hofmarschall.** Dass sie stehle, meinen Sie?

**Präsident.** Ach Nein doch! Wie glaubte er das? – dass sie es noch mit einem andern habe.

**Hofmarschall.** Dieser andre?

**Präsident.** Müssten Sie sein, Baron.

**Hofmarschall.** Ich sein? Ich? – Ist sie von Adel?

**Präsident.** Wozu das? Welcher Einfall! – eines Musikanten Tochter.

*Narrenspossen* Unsinn

*meine Reputation* mein guter Ruf

*Stuttierter* Akademiker, Studierter

*Bonmot* (frz.) geistreiche Bemerkung, Witz

*als von ohngefähr wie* zufällig, wie aus Versehen

**Hofmarschall.** Bürgerlich also? Das wird nicht angehen. Was?

**Präsident.** Was wird nicht angehen? Narrenspossen! Wem unter der Sonne wird es einfallen, ein paar runde Wangen nach dem Stammbaum zu fragen?

**Hofmarschall.** Aber bedenken Sie doch, ein Ehmann! Und meine Reputation bei Hofe!

**Präsident.** Das ist was anders. Verzeihen Sie. Ich hab das noch nicht gewusst, dass Ihnen der Mann von unbescholtenen Sitten mehr ist als der von Einfluss. Wollen wir abbrechen?

**Hofmarschall.** Seien Sie klug Baron. Es war ja nicht so verstanden.

**Präsident** *frostig.* Nein – nein! Sie haben vollkommen recht. Ich bin es auch müde. Ich lasse den Karren stehen. Dem von Bock wünsch ich Glück zum Premierminister. Die Welt ist noch anderswo. Ich fodre meine Entlassung vom Herzog.

**Hofmarschall.** Und Ich? – Sie haben gut schwatzen, Sie! Sie sind ein Stuttierter! Aber Ich: – Mon Dieu! was bin dann ich, wenn mich Seine Durchleucht entlassen?

**Präsident.** Ein Bonmot von vorgestern. Die Mode vom vorigen Jahr.

**Hofmarschall.** Ich beschwöre Sie, Teurer, Goldner! – Ersticken Sie diesen Gedanken! Ich will mir ja alles gefallen lassen.

**Präsident.** Wollen Sie Ihren Namen zu einem Rendezvous hergeben, den Ihnen diese Millerin schriftlich vorschlagen soll?

**Hofmarschall.** Im Namen Gottes! Ich will ihn hergeben.

**Präsident.** Und den Brief irgendwo herausfallen lassen, wo er dem Major zu Gesicht kommen muss.

**Hofmarschall.** Zum Exempel auf der Parade will ich ihn als von ohngefähr, mit dem Schnupftuch herausschleudern?

**Präsident.** Und die Rolle ihres Liebhabers gegen den Major behaupten?

**Hofmarschall.** Mort de ma vie! Ich will ihn schon waschen! Ich will dem Naseweis den Appetit nach m e i n e n Amouren verleiden.

**Präsident.** Nun geht's nach Wunsch. Der Brief muss noch heute geschrieben sein. Sie müssen vor Abend noch herkommen, ihn abzuholen, und Ihre Rolle mit mir zu berichtigen.

**Hofmarschall.** Sobald ich sechzehn Visiten werde gegeben haben, die von allerhöchster Importance sind. Verzeihen Sie also, wenn ich mich ohne Aufschub beurlaube. *Geht.*

**Präsident** *klingelt.* Ich zähle auf Ihre Verschlagenheit, Marschall.

**Hofmarschall** *ruft zurück.* Ah mon Dieu! Sie kennen mich ja.

*Mort de ma vie!* (frz.) Tod meines Lebens; hier: ›Bei meinem Leben!‹

*ihn schon waschen* ihm schon zusetzen

*Amouren* (frz.) Liebschaften

*berichtigen* besprechen

*Importance* (frz.) Bedeutsamkeit, Wichtigkeit

*beurlaube* entferne

## Dritte Szene

*Der* **Präsident** *und* **Wurm.**

**Wurm.** Der Geiger und seine Frau sind glücklich und ohne alles Geräusch in Verhaft gebracht. Wollen Euer Exzellenz jetzt den Brief überlesen?

**Präsident** *nachdem er gelesen.* Herrlich! Herrlich Sekretär! Auch der Marschall hat angebissen! – Ein Gift, wie das müsste die Gesundheit selbst in eiternden Aussatz verwandeln – Nun gleich mit den Vorschlägen zum Vater, und dann warm zu der Tochter.

*Gehn ab zu verschiedenen Seiten.*

*eiternden Aussatz* bis ins 19. Jh. eine weitverbreitete tödliche Infektionskrankheit

*warm* sofort

## Vierte Szene

*Zimmer in Millers Wohnung.*

**Louise** *und* **Ferdinand.**

**Louise.** Ich bitte dich, höre auf. Ich glaube an keine glückliche Tage mehr. Alle meine Hoffnungen sind gesunken.

**Ferdinand.** So sind die meinigen gestiegen. Mein Vater ist aufgereizt. Mein Vater wird alle Geschütze gegen uns richten. Er wird mich zwingen, den unmenschlichen Sohn zu machen. Ich stehe nicht mehr für meine kindliche Pflicht. Wut und Verzweiflung werden mir das schwarze Geheimnis seiner Mordtat erpressen. Der Sohn wird den Vater in die Hände des Henkers liefern – Es ist die höchste Gefahr – – und die höchste Gefahr musste da sein, wenn meine Liebe den Riesensprung wagen sollte. – – Höre Louise – ein Gedanke, groß und vermessen wie meine Leidenschaft drängt sich vor meine Seele – Du Louise und ich und die Liebe! – Liegt nicht in diesem Zirkel der ganze Himmel? oder brauchst du noch etwas Viertes dazu?

*Ich stehe nicht mehr für* Ich fühle mich nicht mehr gebunden an

**Louise.** Brich ab. Nichts mehr. Ich erblasse über das, was du sagen willst.

**Ferdinand.** Haben wir an die Welt keine Foderung mehr, warum denn ihren Beifall erbetteln? Warum wagen, wo nichts gewonnen wird und alles verloren werden kann? – Wird dieses Aug nicht ebenso schmelzend funkeln, ob es im Rhein oder in der Elbe sich spiegelt oder im Baltischen Meer? Mein Vaterland ist, wo mich Louise liebt. Deine Fußtapfe in wilden sandigten Wüsten mir interessanter, als das Münster in meiner Heimat – Werden wir die Pracht der Städte vermissen? Wo wir sein mögen,

*denn* dann

*Baltischen Meer* Ostsee

*Münster* Dom

Louise, geht eine Sonne auf, eine unter – Schauspiele, neben welchen der üppigste Schwung der Künste verblasst. Werden wir Gott in keinem Tempel mehr dienen, so ziehet die Nacht mit begeisternden Schauern auf, der wechselnde Mond predigt uns Buße, und eine andächtige Kirche von Sternen betet mit uns. Werden wir uns in Gesprächen der Liebe erschöpfen? – Ein Lächeln meiner Louise ist Stoff für Jahrhunderte, und der Traum des Lebens ist aus, bis ich diese Träne ergründe.

*Kirche* hier: Gemeinde, Gemeinschaft

**Louise.** Und hättest du sonst keine Pflicht mehr, als deine Liebe?

**Ferdinand** *sie umarmend.* Deine Ruhe ist meine heiligste.

**Louise** *sehr ernsthaft.* So schweig und verlass mich – Ich habe einen Vater, der kein Vermögen hat, als diese einzige Tochter – der morgen sechzig alt wird – der der Rache des Präsidenten gewiss ist. –

**Ferdinand** *fällt rasch ein.* Der uns begleiten wird. Darum keinen Einwurf mehr, Liebe. Ich gehe, mache meine Kostbarkeiten zu Geld, erhebe Summen auf meinen Vater. Es ist erlaubt einen Räuber zu plündern, und sind seine Schätze nicht Blutgeld des Vaterlands? – Schlag ein Uhr um Mitternacht wird ein Wagen hier anfahren. Ihr werft euch hinein. Wir fliehen.

*erhebe Summen auf meinen Vater* leihe auf den Namen meines Vaters Geld

**Louise.** Und der Fluch deines Vaters uns nach? – ein Fluch Unbesonnener, den auch Mörder nie ohne Erhörung aussprechen, den die Rache des Himmels auch dem Dieb auf dem Rade hält, der uns Flüchtlinge, unbarmherzig, wie ein Gespenst, von Meer zu Meer jagen würde? – Nein mein Geliebter! Wenn nur ein Frevel dich mir erhalten kann, so hab ich noch Stärke, dich zu verlieren.

*auf dem Rade* → Seite 146

**Ferdinand** *steht still und murmelt düster.* Wirklich?

**Louise.** Verlieren! – O ohne Grenzen entsetzlich ist der Gedanke – Grässlich genug, den unsterblichen Geist zu durchbohren, und die glühende Wange der Freude zu bleichen – Ferdinand! dich zu verlieren! – Doch! Man verliert ja nur, was man besessen hat, und dein Herz gehört deinem Stande – Mein Anspruch war Kirchenraub, und schauernd geb ich ihn auf.

*deinem Stande* gemeint ist der Adelsstand

**Ferdinand** *das Gesicht verzerrt, und an der Unterlippe nagend.* Gibst du ihn auf.

**Louise.** Nein! Sieh mich an lieber Walter. Nicht so bitter die Zähne geknirscht. Komm! Lass m i c h jetzt deinen sterbenden Mut durch mein Beispiel beleben. Lass mich die Heldin dieses Augenblicks sein – einem Vater den entflohenen Sohn wiederschenken – einem Bündnis entsagen, das die Fugen der Bürgerwelt auseinandertreiben, und die allgemeine ewige Ordnung zu Grund stürzen würde – I c h bin die Verbrecherin – mit frechen törichten Wünschen hat sich mein Busen getragen – mein Unglück ist meine S t r a f e, so lass mir doch jetzt die süße schmeichelnde Täuschung, dass es mein O p f e r war – Wirst du mir diese Wollust missgönnen?

**Ferdinand** *hat in der Zerstreuung und Wut eine Violine ergriffen, und auf derselben zu spielen versucht – Jetzt zerreißt er die Saiten, zerschmettert das Instrument auf dem Boden, und bricht in ein lautes Gelächter aus.*

**Louise.** Walter! Gott im Himmel! Was soll das? – Ermanne dich. Fassung verlangt diese Stunde – es ist eine t r e n n e n d e. Du hast ein Herz, lieber Walter. Ich k e n n e es. Warm wie das Leben ist deine Liebe, und ohne Schranken, wie's Unermessliche – Schenke sie einer E d e l n und Würdigern – sie wird die Glücklichsten ihres Geschlechts nicht beneiden – – *Tränen unterdrückend* m i c h sollst du nicht mehr sehn – Das eitle betrogene Mädchen verweine seinen Gram in einsamen Mauren, um seine Tränen wird sich niemand bekümmern – Leer und erstorben ist

*in einsamen Mauren* gemeint ist: hinter Klostermauern

meine Zukunft – Doch werd ich noch je und je am verwelkten Strauß der Vergangenheit riechen. *Indem sie ihm mit abgewandten Gesicht ihre zitternde Hand gibt.* Leben Sie wohl Herr von Walter.

**Ferdinand** *springt aus seiner Betäubung auf.* Ich entfliehe, Louise. Wirst du mir wirklich nicht folgen?

**Louise** *hat sich im Hintergrund des Zimmers niedergesetzt, und hält das Gesicht mit beiden Händen bedeckt.* Meine Pflicht heißt mich bleiben und dulden.

**Ferdinand.** Schlange, du lügst. Dich fesselt was anders hier.

**Louise** *im Ton des tiefsten inwendigen Leidens.* Bleiben Sie bei dieser Vermutung – sie macht vielleicht weniger elend.

**Ferdinand.** Kalte Pflicht gegen feurige Liebe! – Und mich soll das Märchen blenden? – Ein Liebhaber fesselt dich, und Weh über dich und ihn, wenn mein Verdacht sich bestätigt. *Geht schnell ab.*

## Fünfte Szene

**Louise** *allein.*
*Sie bleibt noch eine Zeit lang ohne Bewegung und stumm in dem Sessel liegen, endlich steht sie auf, kommt vorwärts, und sieht furchtsam herum.*

Wo meine Eltern bleiben? – Mein Vater versprach in wenigen Minuten zurück zu sein, und schon sind fünf volle fürchterliche Stunden vorüber – Wenn ihm ein Unfall – Wie wird mir? – Warum geht mein Odem so ängstlich?

*Odem* Atem

*Jetzt tritt* **Wurm** *in das Zimmer, und bleibt im Hintergrund stehen, ohne von ihr bemerkt zu werden.*

Es ist nichts Wirkliches – Es ist nichts als das schaudernde Gaukelspiel des erhitzten Geblüts – Hat unsre Seele nur einmal Entsetzen genug in sich getrunken, so wird das Aug in jedem Winkel Gespenster sehn.

*des erhitzten Geblüts* hier: der erhitzten Fantasie

## Sechste Szene

**Louise** *und Sekretär* **Wurm.**

**Wurm** *kommt näher.* Guten Abend Jungfer.

**Louise.** Gott! Wer spricht da? *Sie dreht sich um, wird den Sekretär gewahr, und tritt erschrocken zurück.* Schrecklich! Schrecklich! Meiner ängstlichen Ahndung eilt schon die unglückseligste Erfüllung nach! *Zum Sekretär mit einem Blick voll Verachtung.* Suchen Sie etwa den Präsidenten? Er ist nicht mehr da.

**Wurm.** Jungfer ich suche Sie.

**Louise.** So muss ich mich wundern, dass Sie nicht nach dem Marktplatz gingen.

**Wurm.** Warum eben dahin?

**Louise.** Ihre Braut von der Schandbühne abzuholen.

*Schandbühne* Pranger

**Wurm.** Mamsell Millerin, Sie haben einen falschen Verdacht –

**Louise** *unterdrückt eine Antwort.* Was steht Ihnen zu Diensten?

**Wurm.** Ich komme, geschickt von Ihrem Vater.

**Louise** *bestürzt.* Von meinem Vater? – Wo ist mein Vater?

**Wurm.** Wo er nicht gern ist.

**Louise.** Um Gottes willen! Geschwind! Mich befällt eine üble Ahndung – Wo ist mein Vater?

**Wurm.** Im Turm, wenn Sie es ja wissen wollen.

*Turm* Gefängnisturm

**Louise** *mit einem Blick zum Himmel.* Das noch! das auch noch! – – Im Turm? Und warum im Turm?

**Wurm.** Auf Befehl des Herzogs.

**Louise.** Des Herzogs?

**Wurm.** Der die Verletzung der Majestät in der Person seines Stellvertreters –

**Louise.** Was? Was? O ewige Allmacht!

**Wurm.** Auffallend zu ahnden beschlossen hat.

*Auffallend zu ahnden* Besonders nachdrücklich zu bestrafen

**Louise.** Das war noch übrig! Das! – freilich, freilich, mein Herz hatte noch außer dem Major etwas Teures – Das durfte nicht übergangen werden – Verletzung der Majestät – Himmlische Vorsicht! Rette, o, rette meinen sinkenden Glauben! – und Ferdinand?

*Vorsicht* hier: Vorsehung

**Wurm.** Wählt Lady Milford oder Fluch und Enterbung.

**Louise.** Entsetzliche Freiheit! – und doch – doch ist er glücklicher. Er hat keinen Vater zu verlieren. Zwar keinen haben ist Verdammnis genug! – Mein Vater auf Verletzung der Majestät – mein Geliebter die Lady oder Fluch und Enterbung – Wahrlich bewundernswert! Eine vollkommene Büberei ist auch eine Vollkommenheit – Vollkommenheit? Nein! dazu fehlte noch etwas – – Wo ist meine Mutter?

*Büberei* Schurkenstück

**Wurm.** Im Spinnhaus.

*Spinnhaus* Gefängnis für Frauen, in dem diese Wolle spinnen mussten

**Louise** *mit schmerzvollem Lächeln.* Jetzt ist es völlig! – völlig, und jetzt wär ich ja frei – Abgeschält von allen Pflichten – und Tränen – und Freuden. Abgeschält von der Vorsicht. Ich brauch sie ja nicht mehr – *Schreckliches Stillschweigen.* Haben Sie vielleicht noch eine Zeitung? Reden Sie immerhin. Jetzt kann ich alles hören.

*völlig* vollständig

*immerhin* nur weiter, immer fort

**Wurm.** Was geschehen ist, wissen Sie.

**Louise.** Also nicht, was noch kommen wird? *Wiederum Pause, worin sie den Sekretär von oben bis unten ansieht.* Armer Mensch! Du treibst ein trauriges Handwerk, wobei du ohnmöglich selig werden kannst. Unglückliche machen ist schon schrecklich genug, aber grässlich

*Eulengesang* Gemeint ist der Ruf des Käuzchens, von dem man glaubte, er kündige ein Unglück an.

*Schaft* Stiel des Speers bzw. der Speer selbst

*Angsttropfe* Tropfen des Angstschweißes

ist's, es ihnen verkündigen – Ihn vorzusingen den Eulengesang, dabeizustehn, wenn das blutende Herz am eisernen Schaft der Notwendigkeit zittert, und Christen an Gott zweifeln. – Der Himmel bewahre mich! und würde dir jeder Angsttropfe, den du fallen siehst, mit einer Tonne Golds aufgewogen – ich möchte nicht Du sein – – Was kann noch geschehen?

**Wurm.** Ich weiß nicht.

**Louise.** Sie wollen nicht wissen? – Diese lichtscheue Botschaft fürchtet das Geräusch der Worte, aber in der Grabstille Ihres Gesichts zeigt sich mir das Gespenst – Was ist noch übrig – Sie sagten vorhin, der Herzog wolle es auffallend ahnden? Was nennen Sie auffallend?

**Wurm.** Fragen Sie nichts mehr.

*Eisen* Messer

*Streich der Erbarmung* Todesstoß

*zermalmende Ladung* zerstörende Sprengladung

**Louise.** Höre Mensch! Du gingst beim Henker zur Schule. Wie verstündest du sonst, das Eisen erst langsam-bedächtlich an den knirschenden Gelenken hinaufzuführen, und das zuckende Herz mit dem Streich der Erbarmung zu necken? – Welches Schicksal wartet auf meinen Vater? – Es ist Tod in dem, was du lachend sagst, wie mag das aussehen, was du an dich hältst? Sprich es aus. Lass mich sie auf einmal haben die ganze zermalmende Ladung. Was wartet auf meinen Vater?

**Wurm.** Ein Kriminalprozess.

**Louise.** Was ist aber das? – Ich bin ein unwissendes unschuldiges Ding, verstehe mich wenig auf eure fürchterliche lateinische Wörter. Was heißt Kriminalprozess?

**Wurm.** Gericht um Leben und Tod.

**Louise** *standhaft.* So dank ich Ihnen! *Sie eilt schnell in ein Seitenzimmer.*

**Wurm** *steht betroffen da.* Wo will das hinaus? Sollte die Närrin etwa? – Teufel! sie wird doch nicht – Ich eile nach – ich muss für ihr Leben bürgen. *Im Begriff, ihr zu folgen.*

**Louise** *kommt zurück, einen Mantel umgeworfen.* Verzeihen Sie, Sekretär. Ich schließe das Zimmer.

**Wurm.** Und wohin denn so eilig?

**Louise.** Zum Herzog. *Will fort.*

**Wurm.** Was? Wohin? *Er hält sie erschrocken zurück.*

**Louise.** Zum Herzog. Hören Sie nicht? Zu eben dem Herzog, der meinen Vater auf Tod und Leben will richten lassen – Nein! Nicht will – muss richten lassen, weil einige Böswichter wollen; der zu dem ganzen Prozess der beleidigten Majestät nichts hergibt, als eine Majestät und seine fürstliche Handschrift.

**Wurm** *lacht überlaut.* Zum Herzog!

**Louise.** Ich weiß, worüber Sie lachen – aber ich will ja auch kein Erbarmen dort finden – Gott bewahre mich! nur Ekel – Ekel nur an meinem Geschrei. Man hat mir gesagt, dass die Großen der Welt noch nicht belehrt sind, was Elend ist – nicht wollen belehrt sein. Ich will ihm sagen was Elend ist – will es ihm vormalen in allen Verzerrungen des Todes, was Elend ist – will es ihm vorheulen in Mark und Bein zermalmenden Tönen, was Elend ist – und wenn ihm jetzt über der Beschreibung die Haare zu Berge fliegen, will ich ihm noch zum Schluss in die Ohren schreien, dass in der Sterbestunde auch die Lungen der Erdengötter zu röcheln anfangen, und das Jüngste Gericht Majestäten und Bettler in dem nämlichen Siebe rüttle. *Sie will gehen.*

*Erdengötter* Herrscher der Erde

*nämlichen* gleichen

**Wurm** *boshaft freundlich.* Gehen Sie, o gehen Sie ja. Sie können wahrlich nichts Klügeres tun. Ich rate es Ihnen, gehen Sie, und ich gebe Ihnen mein Wort, dass der Herzog willfahren wird.

*willfahren* sich nach Ihrem Willen richten

**Louise** *steht plötzlich still.* Wie sagen Sie? – Sie raten mir selbst dazu? *Kommt schnell zurück.* Hm! Was will ich denn? Etwas Abscheuliches muss es sein, weil dieser

Mensch dazu ratet – Woher wissen Sie, dass der Fürst mir willfahren wird?

**Wurm.** Weil er es nicht wird umsonst tun dürfen.

**Louise.** Nicht umsonst? Welchen Preis kann er auf eine Menschlichkeit setzen?

*Menschlichkeit* menschliche Tat

**Wurm.** Die schöne Supplikantin ist Preises genug.

*Supplikantin* (lat.) Bittstellerin

**Louise** *bleibt erstarrt stehn, dann mit brechendem Laut.* Allgerechter!

*brechendem Laut* versagender Stimme

**Wurm.** Und einen Vater werden Sie doch, will ich hoffen, um diese gnädige Taxe nicht überfodert finden?

*diese … Taxe* diesen festgesetzten Preis

**Louise** *auf und ab, außer Fassung.* Ja! Ja! Es ist wahr. Sie sind verschanzt eure Großen – verschanzt vor der Wahrheit hinter ihre eigene Laster, wie hinter Schwerter der Cherubim – Helfe dir der Allmächtige, Vater. Deine Tochter kann für dich sterben, aber nicht sündigen.

*Cherubim* die vor dem Paradies Wache haltenden Engel

**Wurm.** Das mag ihm wohl eine Neuigkeit sein dem armen verlassenen Mann – »Meine Louise« sagte er mir »hat mich zu Boden geworfen. Meine Louise wird mich auch aufrichten« – Ich eile Mamsell, ihm die Antwort zu bringen. *Stellt sich als ob er ginge.*

**Louise** *eilt ihm nach, hält ihn zurück.* Bleiben Sie! Bleiben Sie! Geduld! – Wie flink dieser Satan ist, wenn es gilt, Menschen rasend zu machen! – Ich hab ihn niedergeworfen. Ich muss ihn aufrichten. Reden Sie! Raten Sie! Was kann ich! Was muss ich tun?

**Wurm.** Es ist nur ein Mittel.

**Louise.** Dieses einzige Mittel?

**Wurm.** Auch Ihr Vater wünscht –

**Louise.** Auch mein Vater? – Was ist das für ein Mittel?

**Wurm.** Es ist Ihnen leicht.

**Louise.** Ich kenne nichts Schwerers als die Schande.

**Wurm.** Wenn Sie den Major wieder frei machen wollen?

**Louise.** Von seiner Liebe? Spotten Sie meiner? – Das meiner Willkür zu überlassen, wozu ich gezwungen ward?

**Wurm.** So ist es nicht gemeint, liebe Jungfer. Der Major muss zuerst und freiwillig zurücktreten.

**Louise.** Er wird nicht.

**Wurm.** So scheint es. Würde man denn wohl seine Zuflucht zu Ihnen nehmen, wenn nicht Sie allein dazu helfen könnten?

**Louise.** Kann ich ihn zwingen, dass er mich hassen muss?

**Wurm.** Wir wollen versuchen. Setzen Sie sich.

**Louise** *betreten.* Mensch! Was brütest du?

**Wurm.** Setzen Sie sich. Schreiben Sie! Hier ist Feder, Papier und Dinte.

**Louise** *setzt sich in höchster Beunruhigung.* Was soll ich schreiben? An wen soll ich schreiben?

**Wurm.** An den Henker Ihres Vaters.

**Louise.** Ha! du verstehst dich darauf, Seelen auf die Folter zu schrauben. *Ergreift eine Feder.*

*auf die Folter zu schrauben* Daumenschrauben anzulegen; mittelalterliche Foltermethode

**Wurm** *diktiert.* »Gnädiger Herr« –

**Louise** *schreibt mit zitternder Hand.*

**Wurm.** »Schon drei unerträgliche Tage sind vorüber – – sind vorüber – und wir sahen uns nicht«

**Louise** *stutzt, legt die Feder weg.* An wen ist der Brief?

**Wurm.** An den Henker Ihres Vaters.

**Louise.** O mein Gott!

**Wurm.** »Halten Sie sich deswegen an den Major – an den Major – der mich den ganzen Tag wie ein Argus hütet« –

*Argus* hundertäugiger Riese aus der griechischen Mythologie

**Louise** *springt auf.* Büberei, wie noch keine erhört worden! An wen ist der Brief?

**Wurm.** An den Henker Ihres Vaters.

**Louise** *die Hände ringend auf und nieder.* Nein! Nein! Nein! Das ist tyrannisch o Himmel! Strafe Menschen menschlich, wenn sie dich reizen, aber warum mich zwischen zwei Schröcknisse pressen? Warum zwischen Tod und Schande mich hin und her wiegen? Warum diesen blutsaugenden Teufel mir auf den Nacken setzen? – Macht was ihr wollt! Ich schreibe das nimmermehr.

**Wurm** *greift nach dem Hut.* Wie Sie wollen, Mademoiselle. Das steht ganz in Ihrem Belieben.

*in Ihrem Belieben* in Ihrer freien Entscheidung

**Louise.** Belieben, sagen Sie? In meinem Belieben? – Geh Barbar! hänge einen Unglücklichen über dem Abgrund der Hölle aus, bitt ihn um etwas, und lästre Gott, und frag ihn, ob's ihm beliebe? – O du weißt allzu gut, dass unser Herz an natürlichen Trieben, so fest als an Ketten liegt – Nunmehr ist alles gleich. Diktieren Sie weiter. Ich denke nichts mehr. Ich weiche der überlistenden Hölle. *Sie setzt sich zum zweiten Mal.*

*Barbar* urspr. griechische Bezeichnung für alle (angeblich kulturlosen) Nichtgriechen; hier: roher Mensch

**Wurm.** »Den ganzen Tag wie ein Argus hütet« – Haben Sie das?

**Louise.** Weiter! Weiter!

**Wurm.** »Wir haben gestern den Präsidenten im Haus gehabt. Es war possierlich zu sehen, wie der gute Major um meine Ehre sich wehrte«

**Louise.** O schön, schön! o herrlich! – Nur immer fort.

**Wurm.** »Ich nahm meine Zuflucht zu einer Ohnmacht – zu einer Ohnmacht – dass ich nicht laut lachte«

**Louise.** O Himmel!

**Wurm.** »Aber bald wird mir meine Maske unerträglich – unerträglich – Wenn ich nur loskommen könnte –«

**Louise** *hält inne, steht auf, geht auf und nieder, den Kopf gesenkt, als suchte sie was auf dem Boden; dann setzt sie sich wiederum, schreibt weiter.* »Loskommen könnte«

**Wurm.** »Morgen hat er den Dienst – Passen Sie ab, wenn er von mir geht, und kommen an den bewussten Ort« – Haben Sie bewussten?

**Louise.** Ich habe alles.

**Wurm.** »An den bewussten Ort zu Ihrer zärtlichen ... Louise«

**Louise.** Nun fehlt die Adresse noch.

**Wurm.** »An Herrn Hofmarschall von Kalb«

**Louise.** Ewige Vorsicht! ein Name, so fremd meinen Ohren, als meinem Herzen diese schändlichen Zeilen. *Sie steht auf, und betrachtet eine große Pause lang mit starrem Blick das Geschriebene, endlich reicht sie es dem Sekretär, mit erschöpfter hinsterbender Stimme.* Nehmen Sie mein Herr. Es ist mein ehrlicher Name – es ist Ferdinand – ist die ganze Wonne meines Lebens, was ich jetzt in Ihre Hände gebe – Ich bin eine Bettlerin!

**Wurm.** O Nein doch! Verzagen Sie nicht, liebe Mademoiselle. Ich habe herzliches Mitleid mit Ihnen. Vielleicht – wer weiß? – Ich könnte mich noch wohl über gewisse Dinge hinwegsetzen – Wahrlich! Bei Gott! Ich habe Mitleid mit Ihnen.

**Louise** *blickt ihn starr und durchdringend an.* Reden Sie nicht aus mein Herr. Sie sind auf dem Wege sich etwas Entsetzliches zu wünschen.

**Wurm** *im Begriff, ihre Hand zu küssen.* Gesetzt, es wäre diese niedliche Hand – Wieso liebe Jungfer?

**Louise** *groß und schrecklich.* Weil ich dich in der Brautnacht erdrosselte, und mich dann mit Wollust aufs Rad flechten ließe. *Sie will gehen, kommt aber schnell zurück.* Sind wir jetzt fertig, mein Herr? Darf die Taube nun fliegen?

**Wurm.** Nur noch die Kleinigkeit Jungfer. Sie müssen mit mir, und das Sakrament darauf nehmen, diesen Brief für einen freiwilligen zu erkennen.

*das Sakrament darauf nehmen* das Abendmahl darauf nehmen

**Louise.** Gott! Gott! und du selbst musst das Siegel geben, die Werke der Hölle zu verwahren?

*Wurm zieht sie fort.*

# Vierter Akt

*Saal beim Präsidenten.*

## Erste Szene

**Ferdinand von Walter** *einen offenen Brief in der Hand, kommt stürmisch durch eine Türe, durch eine andre ein* **Kammerdiener.**

**Ferdinand.** War kein Marschall da?

**Kammerdiener.** Herr Major, der Herr Präsident fragen nach Ihnen.

**Ferdinand.** Alle Donner! Ich frag, war kein Marschall da?

*Pharotisch* Tisch, an dem das wegen seiner Betrugsmöglichkeiten besonders verrufene Kartenspiel Pharo bzw. Pharao gespielt wurde

**Kammerdiener.** Der gnädige Herr sitzen oben am Pharotisch.

**Ferdinand.** Der gnädige Herr soll im Namen der ganzen Hölle daher kommen.
*Kammerdiener geht.*

## Zweite Szene

**Ferdinand** *allein.*

*Den Brief durchfliegend, bald erstarrend, bald wütend herumstürzend.*
Es ist nicht möglich. Nicht möglich. Diese himmlische Hülle versteckt kein so teuflisches Herz – – Und doch! doch! Wenn alle Engel herunterstiegen, für ihre Unschuld bürgten – wenn Himmel und Erde, wenn Schöpfung und Schöpfer zusammenträten, für ihre Unschuld bürgten – Es ist ihre H a n d – ein unerhörter ungeheurer

Betrug, wie die Menschheit noch keinen erlebte! – Das also war's, warum man sich so beharrlich der Flucht widersetzte! – Darum – o Gott! jetzt erwach ich, jetzt enthüllt sich mir alles! – Darum gab man seinen Anspruch auf meine Liebe mit so viel Heldenmut auf, und bald bald hätte selbst mich die himmlische Schminke betrogen!

*Er stürzt rascher durchs Zimmer, dann steht er wieder nachdenkend still.*

*himmlische Schminke* Schein der (himmlischen) Unschuld

Mich so ganz zu ergründen! – Jedes kühne Gefühl, jede leise schüchterne Bebung zu erwidern, jede feurige Wallung – An der feinsten Unbeschreiblichkeit eines schwebenden Lauts meine Seele zu fassen – Mich zu berechnen in einer Träne – Auf jeden gähen Gipfel der Leidenschaft mich zu begleiten, mir zu begegnen vor jedem schwindelnden Absturz – Gott! Gott! und alles das nichts als Grimasse? – Grimasse? – O wenn die Lüge eine so haltbare Farbe hat, wie ging es zu, dass sich kein Teufel noch in das Himmelreich hineinlog?

*schwebenden* hier: (sehr) leisen

*gähen* jähen, steilen

*Grimasse* hier: Maske, Verstellung

Da ich ihr die Gefahr unsrer Liebe entdeckte, mit welch überzeugender Täuschung erblasste die Falsche da! Mit welch siegender Würde schlug sie den frechen Hohn meines Vaters zu Boden, und in eben dem Augenblick fühlte das Weib sich doch schuldig – Was? hielt sie nicht selbst die Feuerprobe der Wahrheit aus – die Heuchlerin sinkt in Ohnmacht. Welche Sprache wirst du jetzt führen, Empfindung? Auch Koketten sinken in Ohnmacht. Womit wirst Du dich rechtfertigen Unschuld – Auch Metzen sinken in Ohnmacht.

Sie weiß, was sie aus mir gemacht hat. Sie hat meine ganze Seele gesehn. Mein Herz trat beim Erröten des ersten Kusses sichtbar in meine Augen – und sie empfand nichts? Empfand vielleicht nur den Triumph ihrer Kunst? – Da mein glücklicher Wahnsinn den ganzen

*Kunst* hier: Verstellungskunst

Himmel in ihr zu umspannen wähnte? Meine wildesten Wünsche schwiegen? Vor meinem Gemüt stand kein Gedanke als die Ewigkeit und das Mädchen – Gott! da empfand sie nichts? Fühlte nichts, als ihren Anschlag gelungen? Nichts, als ihre Reize geschmeichelt? Tod und Rache! Nichts, als dass ich betrogen sei?

## Dritte Szene

*Der* **Hofmarschall** *und* **Ferdinand.**

**Hofmarschall** *ins Zimmer trippelnd.* Sie haben den Wunsch blicken lassen, mein Bester –

*blicken lassen* durchblicken lassen; geäußert

**Ferdinand** *vor sich hinmurmelnd.* Einem Schurken den Hals zu brechen. *Laut.* Marschall, dieser Brief muss Ihnen bei der Parade aus der Tasche gefallen sein – und ich *mit boshaftem Lachen* war zum Glück noch der Finder.

**Hofmarschall.** Sie?

**Ferdinand.** Durch den lustigsten Zufall. Machen Sie's mit der Allmacht aus.

*der Allmacht* Gott

**Hofmarschall.** Sie sehen, wie ich erschrecke, Baron.

**Ferdinand.** Lesen Sie! Lesen Sie! *Von ihm weggehend.* Bin ich auch schon zum Liebhaber zu schlecht, vielleicht lass ich mich desto besser als Kuppler an. *Während dass jener liest, tritt er zur Wand und nimmt zwei Pistolen herunter.*

**Hofmarschall** *wirft den Brief auf den Tisch und will sich davonmachen.* Verflucht!

**Ferdinand** *führt ihn am Arm zurück.* Geduld, lieber Marschall. Die Zeitungen dünken mich angenehm. Ich will meinen Finderlohn haben. *Hier zeigt er ihm die Pistolen.*

*Die Zeitungen dünken mich* Die Nachrichten erscheinen mir

**Hofmarschall** *tritt bestürzt zurück.* Sie werden vernünftig sein, Bester.

**Ferdinand** *mit starker schrecklicher Stimme.* Mehr als zu viel um einen Schelmen, wie Du bist, in jene Welt zu schicken! *Er dringt ihm die eine Pistole auf, zugleich zieht er sein Schnupftuch.* Nehmen Sie! dieses Schnupftuch da fassen Sie! – Ich hab's von der Buhlerin.

**Hofmarschall.** Über dem Schnupftuch? Rasen Sie? Wohin denken Sie?

**Ferdinand.** Fass dieses End' an sag ich. Sonst wirst du ja fehlschießen Memme! – Wie sie zittert die Memme! Du solltest Gott danken, Memme, dass du zum ersten Mal etwas in deinen Hirnkasten kriegst. *Hofmarschall macht sich auf die Beine.* Sachte! Dafür wird gebeten sein. *Er überholt ihn, und riegelt die Türe.*

**Hofmarschall.** Auf dem Zimmer, Baron?

**Ferdinand.** Als ob sich mit Dir ein Gang vor den Wall verlohnte? – Schatz, so knallt's desto lauter, und das ist ja doch wohl das erste Geräusch, das Du in der Welt machst – Schlag an!

**Hofmarschall** *wischt sich die Stirn.* Und Sie wollen Ihr kostbares Leben so aussetzen, junger hoffnungsvoller Mann?

**Ferdinand.** Schlag an, sag ich. Ich habe nichts mehr in dieser Welt zu tun.

**Hofmarschall.** Aber ich desto mehr, mein Allervortrefflichster.

**Ferdinand.** Du Bursche? Was Du? – Der Notnagel zu sein, wo die Menschen sich rar machen? In einem Augenblick siebenmal kurz und siebenmal lang zu werden, wie der Schmetterling an der Nadel? Ein Register zu führen über die Stuhlgänge deines Herrn, und der Mietgaul seines Witzes zu sein? Ebenso gut. Ich führe dich, wie irgendein seltenes Murmeltier mit mir. Wie ein zahmer Affe sollst du zum Geheul der Verdammten tanzen,

*Über dem Schnupftuch* → Seite 146

*Dafür wird gebeten sein.* Ich möchte darum gebeten haben (nicht zu fliehen).

*vor den Wall* → Seite 146

*Schlag an* Setze die Pistole an, bring sie in Anschlag

*aussetzen* aufs Spiel setzen

*siebenmal kurz und siebenmal lang zu werden* verächtliche Umschreibung der sich wiederholenden Bücklinge eines Höflings

*Schmetterling an der Nadel* Schmetterling, der vom Sammler auf eine Nadel gespießt wird

*Mietgaul seines Witzes* der gemietete Ausführende seiner Einfälle und Launen

Anmerkungen zu den Zeilen 1–13 → Seiten 146 f.

apportieren und aufwarten, und mit deinen höfischen Künsten die ewige Verzweiflung belustigen.

**Hofmarschall.** Was Sie befehlen, Herr, wie Sie belieben – Nur die Pistolen weg!

**Ferdinand.** Wie er dasteht der Schmerzenssohn! – Dasteht, dem sechsten Schöpfungstag zum Schimpfe! Als wenn ihn ein Tübinger Buchhändler dem Allmächtigen nachgedruckt hätte! – Schade nur, ewig Schande für die Unze Gehirn, die so schlecht in diesem undankbaren Schädel wuchert. Diese einzige Unze hätte dem Pavian noch vollends zum Menschen geholfen, da sie jetzt nur einen Bruch von Vernunft macht – Und mit diesem ihr Herz zu teilen? – Ungeheuer! Unverantwortlich! – Einem Kerl, mehr gemacht, von Sünden zu entwöhnen, als dazu anzureizen.

**Hofmarschall.** O! Gott sei ewig Dank! Er wird witzig.

Anmerkungen zu den Zeilen 21–32 → Seite 147

**Ferdinand.** Ich will ihn gelten lassen. Die Toleranz, die der Raupe schont, soll auch diesem zugutekommen. Man begegnet ihm, zuckt etwa die Achsel, bewundert vielleicht noch die kluge Wirtschaft des Himmels, der auch mit Trebern und Bodensatz noch Kreaturen speist; der dem Raben am Hochgericht, und einem Höfling im Schlamme der Majestäten den Tisch deckt – Zuletzt erstaunt man noch über die große Polizei der Vorsicht, die auch in der Geisterwelt ihre Blindschleichen und Taranteln zur Ausfuhr des Gifts besoldet. – Aber *indem seine Wut sich erneuert* an meine Blume soll mir das Ungeziefer nicht kriechen, oder ich will es *den Marschall fassend und unsanft herumschüttelnd* so und so und wieder so durcheinanderquetschen.

**Hofmarschall** *für sich hinseufzend.* O mein Gott! Wer hier weg wäre! Hundert Meilen von hier im Biçêtre zu Paris! nur bei diesem nicht!

**Ferdinand.** Bube! Wenn sie nicht rein mehr ist? Bube! Wenn du genossest, wo ich anbetete? *Wütender.* Schwelgtest, wo ich einen Gott mich fühlte? *Plötzlich schweigt er, darauf fürchterlich.* Dir wäre besser, Bube, du flöhest der Hölle zu, als dass dir mein Zorn im Himmel begegnete! – Wie weit kamst du mit dem Mädchen? Bekenne!

**Hofmarschall.** Lassen Sie mich los. Ich will alles verraten.

**Ferdinand.** O! es muss reizender sein mit diesem Mädchen zu buhlen, als mit andern noch so himmlisch zu schwärmen – Wollte sie ausschweifen, wollte sie, sie könnte den Wert der Seele herunterbringen, und die Tugend mit der Wollust verfälschen. *Dem Marschall die Pistole aufs Herz drückend.* Wie weit kamst du mit ihr? Ich drücke ab, oder bekenne!

*die Tugend … verfälschen* der Wollust den Anschein der Tugend geben

**Hofmarschall.** Es ist nichts – ist ja alles nichts. Haben Sie nur eine Minute Geduld. Sie sind ja betrogen.

**Ferdinand.** Und daran mahnst du mich Bösewicht? – Wie weit kamst du mit ihr? Du bist des Todes, oder bekenne!

**Hofmarschall.** Mon Dieu! Mein Gott! Ich spreche ja – So hören Sie doch nur – Ihr Vater – Ihr eigener leiblicher Vater –

**Ferdinand** *grimmiger.* Hat seine Tochter an Dich verkuppelt? Und wie weit kamst du mit ihr? Ich ermorde dich, oder bekenne!

**Hofmarschall.** Sie rasen. Sie hören nicht. Ich sah sie nie. Ich kenne sie nicht. Ich weiß gar nichts von ihr.

**Ferdinand** *zurücktretend.* Du sahst sie nie? Kennst sie nicht? Weißt gar nichts von ihr? – Die Millerin ist verloren um deinetwillen, du leugnest sie dreimal in Einem Atem hinweg? – Fort schlechter Kerl. *Er gibt ihm mit der Pistole einen Streich, und stößt ihn aus dem Zimmer.* Für Deinesgleichen ist kein Pulver erfunden!

## Vierte Szene

**Ferdinand** *nach einem langen Stillschweigen, worin seine Züge einen schrecklichen Gedanken entwickeln.* Verloren! Ja Unglückselige! – Ich bin es. Du bist es auch. Ja bei dem großen Gott! Wenn ich verloren bin, bist du es auch! – Richter der Welt! Fodre sie mir nicht ab. Das Mädchen ist mein. Ich trat dir deine ganze Welt für das Mädchen ab, habe Verzicht getan auf deine ganze herrliche Schöpfung. Lass mir das Mädchen. – Richter der Welt! Dort winseln Millionen Seelen nach dir – Dorthin kehre das Aug deines Erbarmens – Mich lass allein machen, Richter der Welt! *Indem er schrecklich die Hände faltet.* Sollte der reiche vermögende Schöpfer mit einer Seele geizen, die noch dazu die schlechteste seiner Schöpfung ist? – Das Mädchen ist mein! Ich einst ihr Gott, jetzt ihr Teufel!

*grass* zornig, grauenerregend

*Die Augen grass in einen Winkel geworfen.* Eine Ewigkeit mit ihr auf ein Rad der Verdammnis geflochten – Augen in Augen wurzelnd – Haare zu Berge stehend gegen Haare – Auch unser hohles Wimmern in eins geschmolzen – Und jetzt zu wiederholen meine Zärtlichkeiten, und jetzt ihr vorzusingen ihre Schwüre – Gott! Gott! Die Vermählung ist fürchterlich – aber ewig! *Er will schnell hinaus. Der Präsident tritt herein.*

## Fünfte Szene

*Der* **Präsident** *und* **Ferdinand.**

**Ferdinand** *zurücktretend.* O! – Mein Vater!

**Präsident.** Sehr gut, dass wir uns finden, mein Sohn. Ich komme, dir etwas Angenehmes zu verkündigen, und etwas, lieber Sohn, das dich ganz gewiss überraschen wird. Wollen wir uns setzen?

**Ferdinand** *sieht ihn lange Zeit starr an.* Mein Vater! *Mit stärkerer Bewegung zu ihm gehend und seine Hand fassend.* Mein Vater! *Seine Hand küssend, vor ihm niederfallend.* O mein Vater!

**Präsident.** Was ist dir mein Sohn? Steh auf. Deine Hand brennt und zittert.

**Ferdinand** *mit wilder feuriger Empfindung.* Verzeihung für meinen Undank mein Vater! Ich bin ein verworfener Mensch. Ich habe Ihre Güte misskannt. Sie meinten es mit mir so väterlich – O! Sie hatten eine weissagende Seele – Jetzt ist's zu spät – Verzeihung! Verzeihung! Ihren Segen, mein Vater!

*misskannt* verkannt

**Präsident** *heuchelt eine schuldlose Miene.* Steh auf mein Sohn! Besinne dich, dass du mir Rätsel sprichst.

**Ferdinand.** Diese Millerin mein Vater – O Sie kennen den Menschen – Ihre Wut war damals so gerecht, so edel, so väterlich warm – Nur verfehlte der warme Vatereifer des Weges – Diese Millerin!

*damals* heute Vormittag (Die Handlung des Stücks beansprucht nur einen Tag.)

**Präsident.** Martre mich nicht mein Sohn. Ich verfluche meine Härte! Ich bin gekommen dir abzubitten.

**Ferdinand.** Abbitten an m i r! Verfluchen an m i r! – Ihre Missbilligung war Weisheit. Ihre Härte war himmlisches Mitleid – – Diese Millerin, Vater –

**Präsident.** Ist ein edles, ein liebes Mädchen. – Ich widerrufe meinen übereilten Verdacht. Sie hat meine Achtung erworben.

**Ferdinand** *springt erschüttert auf.* Was? auch Sie? – Vater! auch Sie? – Und nicht wahr, mein Vater, ein Geschöpf wie die U n s c h u l d? – und es ist so menschlich, dieses Mädchen zu lieben?

**Präsident.** Sage so: Es ist Verbrechen, es nicht zu lieben.

**Ferdinand.** Unerhört! Ungeheuer! – Und Sie schauen ja doch sonst die Herzen so durch! Sahen sie noch dazu mit Augen des Hasses! – Heuchelei ohne Beispiel – Diese Millerin, Vater –

**Präsident.** Ist es wert meine Tochter zu sein. Ich rechne ihre Tugend für Ahnen, und ihre Schönheit für Gold. Meine Grundsätze weichen deiner Liebe – Sie sei dein!

> *ihre Tugend für Ahnen … ihre Schönheit für Gold* ihre Tugend zählt so viel wie eine vornehme Abstammung, ihre Schönheit so viel wie Reichtum

**Ferdinand** *stürzt fürchterlich aus dem Zimmer.* Das fehlte noch! – Leben Sie wohl mein Vater. *Ab.*

**Präsident** *ihm nachgehend.* Bleib! Bleib! Wohin stürmst du? *Ab.*

## Sechste Szene

*Ein sehr prächtiger Saal bei der Lady.*
**Lady** *und* **Sophie** *treten herein.*

**Lady.** Also sahst du sie? Wird sie kommen?

**Sophie.** Diesen Augenblick. Sie war noch im Hausgewand, und wollte sich nur in der Geschwindigkeit umkleiden.

**Lady.** Sage mir nichts von ihr – Stille – wie eine Verbrecherin zittre ich, die Glückliche zu sehen, die mit meinem Herzen so schrecklich harmonisch fühlt – Und wie nahm sie sich bei der Einladung?

> *nahm* benahm, reagierte sie auf

**Sophie.** Sie schien bestürzt, wurde nachdenkend, sah mich mit großen Augen an, und schwieg. Ich hatte mich schon auf ihre Ausflüchte vorbereitet, als sie mit einem Blick, der mich ganz überraschte, zur Antwort gab: Ihre Dame befiehlt mir, was ich mir morgen erbitten wollte.

**Lady** *sehr unruhig.* Lass mich Sophie. Beklage mich. Ich muss erröten, wenn sie nur das gewöhnliche Weib ist, und wenn sie mehr ist, verzagen.

**Sophie.** Aber Mylady – Das ist die Laune nicht, eine Nebenbuhlerin zu empfangen. Erinnern Sie sich wer Sie sind. Rufen Sie Ihre Geburt, Ihren Rang, Ihre Macht zu Hilfe. Ein stolzeres Herz muss die stolze Pracht Ihres Anblicks erheben.

*Laune* Stimmung

**Lady** *zerstreut.* Was schwatzt die Närrin da?

**Sophie** *boshaft.* Oder es ist vielleicht Zufall, dass eben heute die kostbarsten Brillanten an Ihnen blitzen? Zufall, dass eben heute der reichste Stoff Sie bekleiden muss – dass Ihre Antischamber von Heiducken und Pagen wimmelt, und das Bürgermädchen im fürstlichsten Saal Ihres Palastes erwartet wird?

*Heiducken* Diener in ungarischer Tracht

**Lady** *auf und ab voll Erbitterung.* Verwünscht! Unerträglich! Dass Weiber für Weiberschwächen solche Luchsaugen haben! – – Aber wie tief, wie tief muss ich schon gesunken sein, dass eine solche Kreatur mich ergründet!

*eine solche Kreatur* ein solch (niederes) Geschöpf

**Ein Kammerdiener** *tritt auf.* Mamsell Millerin –

**Lady** *zu Sophien.* Hinweg du! Entferne dich! *Drohend, da diese noch zaudert.* Hinweg! Ich befehl es. *Sophie geht ab. Lady macht einen Gang durch den Saal.* Gut! Recht gut, dass ich in Wallung kam. Ich bin, wie ich wünschte. *Zum Kammerdiener.* Die Mamsell mag hereintreten. *Kammerdiener geht. Sie wirft sich in den Sofa, und nimmt eine vornehm-nachlässige Lage an.*

## Siebente Szene

**Louise Millerin** *tritt schüchtern herein, und bleibt in einer großen Entfernung von der* **Lady** *stehen; Lady hat ihr den Rücken zugewandt, und betrachtet sie eine Zeit lang* *aufmerksam in dem gegenüberstehenden Spiegel. Nach einer Pause.*

**Louise.** Gnädige Frau, ich erwarte Ihre Befehle.

**Lady** *dreht sich nach Louisen um, und nickt nur eben mit dem Kopf, fremd und zurückgezogen.* Aha! Ist Sie hier? – Ohne Zweifel die Mamsell – eine gewisse – Wie nennt man Sie doch?

*zurückgezogen* reserviert, auf Abstand bedacht

**Louise** *etwas empfindlich.* Miller nennt sich mein Vater, und Ihro Gnaden schickten nach seiner Tochter.

**Lady.** Recht! Recht! Ich entsinne mich – die arme Geigerstochter, wovon neulich die Rede war. *Nach einer Pause, vor sich.* Sehr interessant, und doch keine Schönheit – *Laut zu Louisen.* Trete Sie näher mein Kind. *Wieder vor sich.* Augen, die sich im Weinen übten – Wie lieb' ich sie, diese Augen! *Wiederum laut.* Nur näher – Nur ganz nah – Gutes Kind, ich glaube, du fürchtest mich?

**Louise** *groß, mit entschiednem Ton.* Nein Mylady. Ich verachte das Urteil der Menge.

**Lady** *vor sich.* Sieh doch! – und diesen Trotzkopf hat sie von ihm. *Laut.* Man hat Sie mir empfohlen, Mamsell. Sie soll was gelernt haben, und sonst auch zu leben wissen – Nun ja. Ich will's glauben – auch nähm ich die ganze Welt nicht, einen so warmen Fürsprecher Lügen zu strafen.

*zu leben wissen* sich zu benehmen wissen

*Patronin* Beschützerin, Gönnerin

**Louise.** Doch kenn ich niemand, Mylady, der sich Mühe gäbe, mir eine Patronin zu suchen.

*geschraubt* geziert

**Lady** *geschraubt.* Mühe um die Klientin oder Patronin?

*Klientin* Schutzbefohlene

**Louise.** Das ist mir zu hoch, gnädige Frau.

**Lady.** Mehr Schelmerei, als diese offene Bildung vermuten lässt! Louise nennt Sie sich? Und wie jung, wenn man fragen darf?

*offene Bildung* offener Ausdruck, Unverstelltheit der Gesichtszüge

**Louise.** Sechzehn gewesen.

**Lady** *steht rasch auf.* Nun ist's heraus! Sechzehn Jahre! Der erste Puls dieser Leidenschaft! – Auf dem unberührten Klavier der erste einweihende Silberton! – Nichts ist verführender – Setz dich, ich bin dir gut, liebes Mädchen – Und auch Er liebt zum ersten Mal – Was Wunder, wenn sich die Strahlen Eines Morgenrots finden? *Sehr freundlich, und ihre Hand ergreifend.* Es bleibt dabei, ich will dein Glück machen, liebe – Nichts, nichts als die süße frühe verfliegende Träumerei. *Louisen auf die Wange klopfend.* Meine Sophie heiratet. Du sollst ihre Stelle haben – Sechzehen Jahr! Es kann nicht von Dauer sein.

**Louise** *küsst ihr ehrerbietig die Hand.* Ich danke für diese Gnade Mylady, als wenn ich sie annehmen dürfte.

**Lady** *in Entrüstung zurückfallend.* Man sehe die große Dame! – Sonst wissen sich Jungfern ihrer Herkunft noch glücklich, wenn sie Herrschaften finden – wo will denn Sie hinaus, meine Kostbare? Sind diese Finger zur Arbeit zu niedlich? Ist es Ihr bisschen Gesicht, worauf Sie so trotzig tut?

*Herrschaften* adlige Familien, bei denen sie als Bedienstete arbeiten können

**Louise.** Mein Gesicht, gnädige Frau, gehört mir so wenig, als meine Herkunft.

**Lady.** Oder glaubt Sie vielleicht, das werde nimmer ein Ende nehmen? – Armes Geschöpf, wer dir das in den Kopf setzte – mag er sein, wer er will – er hat euch beide zum Besten gehabt. Diese Wangen sind nicht im Feuer vergoldet. Was dir dein Spiegel für massiv und ewig verkauft, ist nur ein dünner angeflogener Goldschaum, der deinem Anbeter über kurz oder lang in der Hand bleiben muss – Was werden wir dann machen?

*im Feuer vergoldet* dauerhaft haltbar gemacht, alterslos

**Louise.** Den Anbeter bedauern, Mylady, der einen Demant kaufte, weil er in Gold schien gefasst zu sein.

**Lady** *ohne darauf achten zu wollen.* Ein Mädchen von Ihren Jahren hat immer zween Spiegel zugleich, den Wahren

*Blatternarbe* Pockennarbe

*Grazien* in der römischen Mythologie die drei Göttinnen der Anmut

*Anmerkungen zu den Zeilen 10–32* → Seiten 147 f.

und ihren Bewunderer – Die gefällige Geschmeidigkeit des Letztern macht die rauhe Offenherzigkeit des Erstern wieder gut. Der eine rügt eine hässliche Blatternarbe. Weit gefehlt, sagt der andere, es ist ein Grübchen der Grazien. Ihr guten Kinder glaubt j e n e m nur, was euch d i e s e r gesagt hat, hüpft von einem zum andern, bis ihr zuletzt die Aussagen beider verwechselt – Warum begafft Sie mich so?

**Louise.** Verzeihen Sie gnädige Frau – Ich war soeben im Begriff, diesen prächtig blitzenden Rubin zu beweinen, der es nicht wissen muss, dass seine Besitzerin so scharf wider Eitelkeit eifert.

**Lady** *errötend.* Keinen Seitensprung, Lose! – Wenn es nicht die Promessen Ihrer Gestalt sind, was in der Welt könnte Sie abhalten, einen Stand zu erwählen, der der einzige ist, wo Sie Manieren und Welt lernen kann, der einzige ist, wo Sie sich Ihrer bürgerlichen Vorurteile entledigen kann?

**Louise.** Auch meiner bürgerlichen Unschuld, Mylady?

**Lady.** Läppischer Einwurf! Der ausgelassenste Bube ist zu verzagt, uns etwas Beschimpfendes zuzumuten, wenn wir ihm nicht selbst ermunternd entgegengehn. Zeige Sie, wer Sie ist. Gebe Sie sich Ehre und Würde, und ich sage Ihrer Jugend für alle Versuchung gut.

**Louise.** Erlauben Sie, gnädige Frau, dass ich mich unterstehe, daran zu zweifeln. Die Paläste gewisser Damen sind oft die Freistätten der frechsten Ergötzlichkeit. Wer sollte der Tochter des armen Geigers den Heldenmut zutrauen, den Heldenmut, mitten in die Pest sich zu werfen, und doch dabei vor der Vergiftung zu schaudern? Wer sollte sich träumen lassen, dass Lady Milford ihrem Gewissen einen ewigen Skorpion halte, dass sie Geldsummen aufwende, um den Vorteil zu haben, jeden Augenblick schamrot zu werden? – Ich bin offenherzig, gnädige Frau – Würde Sie mein Anblick ergötzen, wenn Sie einem Vergnügen entgegengingen? Würden Sie ihn ertragen, wenn Sie zurückkämen? – – O Besser! Besser! Sie lassen Himmelsstriche uns trennen – Sie lassen Meere zwischen uns fließen! – Sehen Sie sich wohl für, Mylady – Stunden der Nüchternheit, Augenblicke der Erschöpfung könnten sich melden – Schlangen der Reue könnten Ihren Busen anfallen, und nun – – welche Folter für Sie, im Gesicht Ihres Dienstmädchens die heitre Ruhe zu lesen, womit die Unschuld ein reines Herz zu belohnen pflegt. *Sie tritt einen Schritt zurück.* Noch einmal, gnädige Frau. Ich bitte sehr um Vergebung.

*Himmelsstriche* weite Landstriche

*für* hier: vor

**Lady** *in großer innrer Bewegung herumgehend.* Unerträglich, dass sie mir das sagt! Unerträglicher, dass sie recht hat! *Zu Louisen tretend, und ihr starr in die Augen sehend.* Mädchen, du wirst mich nicht überlisten. So warm sprechen Meinungen nicht. Hinter diesen Maximen lauert ein feurigeres Interesse, das dir meine Dienste besonders abscheulich malt – das dein Gespräch so erhitzte – das ich *drohend* entdecken muss.

*Maximen* (lat.) Grundsätzen, Lebensregeln

**Louise** *gelassen und edel.* Und wenn Sie es nun entdeckten? und wenn Ihr verächtlicher Fersenstoß den beleidigten Wurm aufweckte, dem sein Schöpfer gegen Misshandlung noch einen Stachel gab? – Ich fürchte Ihre Rache nicht, Lady – Die arme Sünderin auf dem berüchtigten Henkerstuhl lacht zu Weltuntergang. – Mein Elend ist so hoch gestiegen, dass selbst Aufrichtigkeit es nicht mehr vergrößern kann. *Nach einer Pause, sehr ernsthaft.* Sie wollen mich aus dem Staub meiner Herkunft reißen. Ich will sie nicht zergliedern, diese verdächtige Gnade. Ich will nur fragen, was Mylady bewegen konnte, mich für die Törin zu halten, die über ihre Herkunft errötet? Was

*Fersenstoß* Fußtritt

Sie berechtigen konnte, sich zur Schöpferin meines Glücks aufzuwerfen, ehe Sie noch wusste, ob ich mein Glück auch von Ihren Händen empfangen wolle? – Ich hatte meinen ewigen Anspruch auf die Freuden der Welt zerrissen. Ich hatte dem Glück seine Übereilung vergeben – Warum mahnen Sie mich aufs Neu an dieselbe? – Wenn selbst die Gottheit dem Blick der Erschaffenen ihre Strahlen verbirgt, dass nicht ihr oberster Seraph vor seiner Verfinsterung zurückschaure – warum wollen Menschen so grausam-barmherzig sein? – Wie kommt es Mylady, dass Ihr gepriesenes Glück das Elend so gern um Neid und Bewunderung anbettelt? – Hat Ihre Wonne die Verzweiflung so nötig zur Folie? – O lieber! So gönnen Sie mir doch eine Blindheit, die mich allein noch mit meinem barbarischen Los versöhnt – Fühlt sich doch das Insekt in einem Tropfen Wassers so selig, als wär es ein Himmelreich, so froh und so selig, bis man ihm von einem Weltmeer erzählt, worin Flotten und Walfische spielen! – – – Aber glücklich wollen Sie mich ja wissen? *Nach einer Pause plötzlich zur Lady hintretend und mit Überraschung sie fragend.* Sind Sie glücklich, Mylady? *Diese verlässt sie schnell und betroffen, Louise folgt ihr, und hält ihr die Hand vor den Busen.* Hat dieses Herz auch die lachende Gestalt Ihres Standes? Und wenn wir jetzt Brust gegen Brust, und Schicksal gegen Schicksal auswechseln sollten – und wenn ich in kindlicher Unschuld – und wenn ich auf Ihr Gewissen – und wenn ich als meine Mutter Sie fragte – Würden Sie mir wohl zu dem Tausche raten?

*Seraph* sechsflügeliger Engel des Alten Testaments, der um Gottes Thron schwebt

*zur Folie* als Hintergrund (um sich davon abzuheben)

*mit Überraschung* unvermittelt, geradeheraus

*als meine Mutter* als wären Sie meine Mutter

**Lady** *heftig bewegt in den Sofa sich werfend.* Unerhört! Unbegreiflich! Nein Mädchen! Nein! Diese Größe hast du nicht auf die Welt gebracht, und für einen Vater ist sie zu jugendlich. Lüge mir nicht. Ich höre einen andern Lehrer –

**Louise** *fein und scharf ihr in die Augen sehend.* Es sollte mich doch wundern, Mylady, wenn Sie jetzt erst auf diesen Lehrer fielen, und doch vorhin schon eine Kondition für mich wussten.

*Kondition* hier: Anstellung als Bedienstete

**Lady** *springt auf.* Es ist nicht auszuhalten! – Ja denn! weil ich dir doch nicht entwischen kann. Ich kenn ihn – weiß alles – weiß mehr als ich wissen mag. *Plötzlich hält sie inne, darauf mit einer Heftigkeit, die nach und nach bis beinahe zum Toben steigt.* Aber wag es, Unglückliche – wag es, ihn jetzt noch zu lieben, oder von ihm geliebt zu werden – Was sage ich? – Wag es an ihn zu denken, oder einer von seinen Gedanken zu sein – Ich bin mächtig, Unglückliche – fürchterlich – So wahr Gott lebt! du bist verloren!

**Louise** *standhaft.* Ohne Rettung Mylady, sobald Sie ihn zwingen, dass er Sie lieben muss.

**Lady.** Ich verstehe dich – aber er soll mich nicht lieben. Ich will über diese schimpfliche Leidenschaft siegen, mein Herz unterdrücken, und das deinige zermalmen – Felsen und Abgründe will ich zwischen euch werfen; eine Furie will ich mitten durch euren Himmel gehn; mein Name soll eure Küsse wie ein Gespenst Verbrecher auseinanderscheuchen; deine junge blühende Gestalt unter seiner Umarmung welk wie eine Mumie zusammenfallen – Ich kann nicht mit ihm glücklich werden – aber Du sollst es auch nicht werden – Wisse das Elende! Seligkeit zerstören ist auch Seligkeit.

*Furie* Rachegöttin aus der römischen Mythologie

**Louise.** Eine Seligkeit, um die man Sie schon gebracht hat, Mylady. Lästern Sie Ihr eigenes Herz nicht. Sie sind nicht fähig das auszuüben, was Sie so drohend auf mich herabschwören. Sie sind nicht fähig ein Geschöpf zu quälen, das Ihnen nichts zu Leide getan, als dass es empfunden hat, wie Sie – Aber ich liebe Sie um dieser Wallung willen, Mylady.

*kränken* krümmen

*barbarischen Tat* gemeint ist der Brief, den Wurm Louise diktiert hat

**Lady** *die sich jetzt gefasst hat.* Wo bin ich? Wo war ich? Was hab ich merken lassen? Wen hab ich's merken lassen? – O Louise, edle, große, göttliche Seele! Vergib's einer Rasenden – Ich will dir kein Haar kränken, mein Kind. Wünsche! Fodre! Ich will dich auf den Händen tragen, deine Freundin, deine Schwester will ich sein – Du bist arm – Sieh! *Einige Brillanten herunternehmend.* Ich will diesen Schmuck verkaufen – meine Garderobe, Pferd und Wagen verkaufen – Dein sei alles, aber entsag ihm!

**Louise** *tritt zurück voll Befremdung.* Spottet sie einer Verzweifelnden, oder sollte sie an der barbarischen Tat im Ernst keinen Anteil gehabt haben? – Ha! So könnt ich mir ja noch den Schein einer Heldin geben, und meine Ohnmacht zu einem Verdienst aufputzen. *Sie steht eine Weile gedankenvoll, dann tritt sie näher zur Lady, fasst ihre Hand und sieht sie starr und bedeutend an.* Nehmen Sie ihn denn hin Mylady – Freiwillig tret ich Ihnen ab den Mann, den man mit Haken der Hölle von meinem blutenden Herzen riss. – – Vielleicht wissen Sie es selbst nicht, Mylady, aber Sie haben den Himmel zweier Liebenden geschleift, voneinander gezerrt zwei Herzen, die Gott aneinanderband; zerschmettert ein Geschöpf, das ihm naheging, wie Sie, das er zur Freude schuf, wie Sie, das ihn gepriesen hat, wie Sie, und ihn nun nimmermehr preisen wird – Lady! Ins Ohr des Allwissenden schreit auch der letzte Krampf des zertretenen Wurms – es wird ihm nicht gleichgültig sein, wenn man Seelen in seinen Händen mordet! Jetzt ist er Ihnen! Jetzt Mylady nehmen Sie ihn hin! Rennen Sie in seine Arme! Reißen Sie ihn zum Altar – Nur vergessen Sie nicht, dass zwischen Ihren Brautkuss das Gespenst einer Selbstmörderin stürzen wird – Gott wird barmherzig sein – Ich kann mir nicht anders helfen. *Sie stürzt hinaus.*

## Achte Szene

**Lady** *allein.*
*Steht erschüttert und außer sich, den starren Blick nach der Türe gerichtet, durch welche die Millerin weggeeilt, endlich erwacht sie aus ihrer Betäubung.*

Wie war das? Wie geschah mir? Was sprach die Unglückliche? – Noch o Himmel! noch zerreißen sie mein Ohr die fürchterlichen mich verdammenden Worte: Nehmen Sie ihn hin! – Wen Unglückselige? Das Geschenk deines Sterberöchelns – das schauervolle Vermächtnis deiner Verzweiflung! Gott! Gott! Bin ich so tief gesunken – so plötzlich von allen Thronen meines Stolzes herabgestürzt, dass ich heißhungrig erwarte, was einer Bettlerin Großmut aus ihrem letzten Todeskampfe mir zuwerfen wird? – Nehmen Sie ihn hin, und das spricht sie mit einem Tone, begleitet sie mit einem Blicke – – Ha! Emilie! Bist du darum über die Grenzen deines Geschlechts weggeschritten? Musstest du darum um den prächtigen Namen des großen britischen Weibes buhlen, dass das prahlende Gebäude deiner Ehre neben der höheren Tugend einer verwahrlosten Bürgerdirne versinken soll? – Nein stolze Unglückliche! Nein! – Beschämen lässt sich Emilie Milford – doch beschimpfen nie! Auch ich habe Kraft, zu entsagen.
*Mit majestätischen Schritten auf und nieder.*
Verkrieche dich jetzt weiches leidendes Weib – Fahret hin süße goldene Bilder der Liebe – Großmut allein sei jetzt meine Führerin! – – Dieses liebende Paar ist verloren, oder Milford muss ihren Anspruch vertilgen, und im Herzen des Fürsten erlöschen! *Nach einer Pause, lebhaft.* Es ist geschehen! – Gehoben das furchtbare

*Grenzen deines Geschlechts* Grenzen des üblichen weiblichen (Rollen-)Verhaltens

Hindernis – Zerbrochen alle Bande zwischen mir und dem Herzog, gerissen aus meinem Busen diese wütende Liebe! – – In deine Arme werf ich mich, Tugend! –: Nimm sie auf, deine reuige Tochter Emilie! – Ha! wie mir so wohl ist! Wie ich auf einmal so leicht! so gehoben mich fühle! – Groß, wie eine fallende Sonne, will ich heut vom Gipfel meiner Hoheit heruntersinken, meine Herrlichkeit sterbe mit meiner Liebe, und nichts als mein Herz begleiten mich in diese stolze Verweisung. *Entschlossen zum Schreibpult gehend.* Jetzt gleich muss es geschehen – jetzt auf der Stelle, ehe die Reize des lieben Jünglings den blutigen Kampf meines Herzens erneuren. *Sie setzt sich nieder, und fängt an zu schreiben.*

*Verweisung* Verbannung

## Neunte Szene

**Lady.** *Ein* **Kammerdiener. Sophie,** *hernach der* **Hofmarschall,** *zuletzt* **Bediente.**

**Kammerdiener.** Hofmarschall von Kalb stehen im Vorzimmer mit einem Auftrag vom Herzog.

**Lady** *in der Hitze des Schreibens.* Auftaumeln wird sie die fürstliche Drahtpuppe! Freilich! der Einfall ist auch drollig genug, so eine durchlauchtige Hirnschale auseinanderzutreiben! – Seine Hofschranzen werden wirbeln – Das ganze Land wird in Gärung kommen.

**Kammerdiener** und **Sophie.** Der Hofmarschall, Mylady –

**Lady** *dreht sich um.* Wer? Was? – Desto besser! Diese Sorte von Geschöpfen ist zum Sacktragen auf der Welt. Er soll mir willkommen sein.

*Kammerdiener geht ab.*

*Auftaumeln* Aus ihrem Dämmerzustand erwachen

*Drahtpuppe* Marionette

*Hofschranzen* schmeichelnden Höflinge

*zum Sacktragen* … wie das Lasttier Esel

**Sophie** *ängstlich näher kommend.* Wenn ich nicht fürchten müsste, Mylady, es wäre Vermessenheit. *Lady schreibt hitzig fort.* Die Millerin stürzte außer sich durch den Vorsaal – Sie glühen – Sie sprechen mit sich selbst. *Lady schreibt immer fort.* Ich erschrecke – Was muss geschehen sein?

**Hofmarschall** *tritt herein, macht dem Rücken der Lady tausend Verbeugungen; da sie ihn nicht bemerkt, kommt er näher, stellt sich hinter ihren Sessel, sucht den Zipfel ihres Kleids wegzukriegen und drückt einen Kuss darauf, mit furchtsamen Lispeln.* Serenissimus –

**Lady** *indem sie Sand streut und das Geschriebene durchfliegt.* Er wird mir schwarzen Undank zur Last legen – Ich war eine Verlassene. Er hat mich aus dem Elend gezogen – Aus dem Elend? – Abscheulicher Tausch! – Zerreiße deine Rechnung, Verführer! – Meine ewige Schamröte bezahlt sie mit Wucher.

**Hofmarschall** *nachdem er die Lady vergeblich von allen Seiten umgangen hat.* Mylady scheinen etwas distrait zu sein – Ich werde mir wohl selbst die Kühnheit erlauben müssen. *Sehr laut.* Serenissimus schicken mich, Mylady zu fragen, ob diesen Abend Vauxhall sein werde, oder teutsche Komödie?

**Lady** *lachend aufstehend.* Eins von beiden, mein Engel – Unterdessen bringen Sie Ihrem Herzog diese Karte zum Dessert! *Gegen Sophien.* Du, Sophie, befiehlst, dass man anspannen soll, und rufst meine ganze Garderobe in diesen Saal zusammen. –

**Sophie** *geht ab voll Bestürzung.* O Himmel! Was ahndet mir? Was wird das noch werden?

**Hofmarschall.** Sie sind echauffiert meine Gnädige?

**Lady.** Umso weniger wird hier gelogen sein – Hurrah Herr Hofmarschall! Es wird eine Stelle vakant. Gut Wetter für

*wegzukriegen* zu ergreifen

*Serenissimus* Durchlauchtigster; Anrede des Fürsten

*Sand streut* … zum Trocknen der Tinte

*schwarzen* hier: größten, höchsten

*distrait* (frz.) verwirrt, zerstreut

*Vauxhall* → Seite 148

*Komödie* Lustspiel; hier: Schauspiel

*Gegen* in Richtung, zu

*Garderobe* hier: Dienerschaft

*echauffiert* (frz.) erhitzt, erregt

*vakant* (lat.) frei, offen, unbesetzt

*zweifelhaften* zweifelnden, unentschlossenen

Kuppler. *Da der Marschall einen zweifelhaften Blick auf den Zettel wirft.* Lesen Sie, lesen Sie! – Es ist mein Wille, dass der Inhalt nicht unter vier Augen bleibe.

**Hofmarschall** *liest; unterdessen sammeln sich die Bedienten der Lady im Hintergrund.*

»Gnädigster Herr,

Ein Vertrag, den Sie so leichtsinnig brachen, kann Mich nicht mehr binden. Die Glückseligkeit Ihres Landes war die Bedingung meiner Liebe. Drei Jahre währte der Betrug. Die Binde fällt mir von den Augen; ich verabscheue Gunstbezeugungen, die von den Tränen der Untertanen triefen. – Schenken Sie die Liebe, die ich Ihnen nicht mehr erwidern kann, Ihrem weinenden Lande, und lernen von einer britischen Fürstin Erbarmen gegen Ihr teutsches Volk. In einer Stunde bin ich über der Grenze. Johanna Norfolk.«

*Johanna Norfolk* Lady Milford, die hier mit ihrem wirklichen Namen unterschreibt

**Alle Bediente** *murmeln bestürzt durcheinander.* Über der Grenze?

*jücken* jucken (aus Angst, seinen Kopf bzw. sein Leben zu verlieren)

**Hofmarschall** *legt die Karte erschrocken auf den Tisch.* Behüte der Himmel, meine Beste und Gnädige! Den Überbringer müsste der Hals ebenso jücken als der Schreiberin.

*erwürgen* ersticken

**Lady.** Das ist deine Sorge du Goldmann – Leider weiß ich es, dass Du und Deinesgleichen am Nachbeten dessen, was andre getan haben, erwürgen! – Mein Rat wäre, man backte den Zettel in eine Wildbretpastete, so fänden ihn Serenissimus auf dem Teller –

*Ciel* (frz.) Himmel

*Disgrace* (engl., frz.) Ungnade

**Hofmarschall.** Ciel! Diese Vermessenheit! – So erwägen Sie doch, so bedenken Sie doch, wie sehr Sie sich in Disgrace setzen, Lady!

*entwickeln* lösen

**Lady** *wendet sich zu der versammelten Dienerschaft, und spricht das Folgende mit der innigsten Rührung.*

Ihr steht bestürzt guten Leute, erwartet angstvoll, wie sich das Rätsel entwickeln wird? – Kommt näher, meine

Lieben – Ihr dientet mir redlich und warm, sahet mir öfter in die Augen, als in die Börse, euer Gehorsam war eure Leidenschaft, euer Stolz – meine Gnade! – – Dass das Andenken eurer Treue zugleich das Gedächtnis meiner Erniedrigung sein muss! Trauriges Schicksal, dass meine schwärzesten Tage eure glücklichen waren! *Mit Tränen in den Augen.* Ich entlasse euch meine Kinder – – Lady Milford ist nicht mehr, und Johanna von Norfolk zu arm, ihre Schuld abzutragen – Mein Schatzmeister stürze meine Schatulle unter euch – Dieser Palast bleibt dem Herzog – Der Ärmste von euch wird reicher von hinnen gehen als seine Gebieterin. *Sie reicht ihre Hände hin, die alle nacheinander mit Leidenschaft küssen.* Ich verstehe euch meine Guten – Lebt wohl! Lebt ewig wohl! *Fasst sich aus ihrer Beklemmung.* Ich höre den Wagen vorfahren. *Sie reißt sich los, will hinaus, der Hofmarschall verrennt ihr den Weg.* Mann des Erbarmens, stehst du noch immer da?

*Schatulle* Schmuckkästchen; hier: Bargeld, Privatvermögen

**Hofmarschall** *der diese ganze Zeit über mit einem Geistesbankerott auf den Zettel sah.* Und dieses Billett soll ich Seiner Hochfürstlichen Durchlaucht zu höchsteigenen Händen geben?

*mit einem Geistesbankerott* gänzlich geistesabwesend, vollkommen ›verdattert‹

**Lady.** Mann des Erbarmens! zu höchsteigenen Händen, und sollst melden zu höchsteigenen Ohren, weil ich nicht barfuß nach Loretto könne, so werde ich um den Taglohn arbeiten, mich zu reinigen von dem Schimpf, ihn beherrscht zu haben.

*Sie eilt ab. Alle übrigen gehen sehr bewegt auseinander.*

*Loretto* Loreto, italienischer Wallfahrtsort bei Ancona; um für schwere Sünden zu büßen, pilgerte man barfuß dorthin.

# Fünfter Akt

*zwischen Licht* in der Dämmerung

*Abends zwischen Licht, in einem Zimmer beim Musikanten.*

## Erste Szene

**Louise** *sitzt stumm und ohne sich zu rühren in dem finstersten Winkel des Zimmers, den Kopf auf den Arm gesunken. Nach einer großen und tiefen Pause kommt* **Miller** *mit einer Handlaterne, leuchtet ängstlich im Zimmer herum, ohne Louisen zu bemerken, dann legt er den Hut auf den Tisch und setzt die Laterne nieder.*

*auf allen Toren* an allen Stadttoren

**Miller.** Hier ist sie auch nicht. Hier wieder nicht – Durch alle Gassen bin ich gezogen, bei allen Bekannten bin ich gewesen, auf allen Toren hab ich gefragt – Mein Kind hat man nirgends gesehen. *Nach einigem Stillschweigen.* Geduld armer unglücklicher Vater. Warte ab, bis es Morgen wird. Vielleicht kommt deine Einzige dann ans Ufer geschwommen – – Gott! Gott! Wenn ich mein Herz zu abgöttisch an diese Tochter hing? – Die Strafe ist hart. Himmlischer Vater, hart! Ich will nicht murren, himmlischer Vater, aber die Strafe ist hart.
*Er wirft sich gramvoll in einen Stuhl.*

**Louise** *spricht aus dem Winkel.* Du tust recht, armer alter Mann! Lerne beizeit noch verlieren.

**Miller** *springt auf.* Bist du da mein Kind? Bist du? – Aber warum denn so einsam und ohne Licht?

*Nur der Gewissenswurm schwärmt mit der Eule.* Nur das schlechte Gewissen meldet sich (wie die Eule) bei Nacht.

**Louise.** Ich bin darum doch nicht einsam. Wenn's so recht schwarz wird um mich herum, hab ich meine besten Besuche.

**Miller.** Gott bewahre dich! Nur der Gewissenswurm schwärmt mit der Eule. Sünden und böse Geister scheuen das Licht.

**Louise.** Auch die Ewigkeit Vater, die mit der Seele ohne Gehilfen redet.

**Miller.** Kind! Kind! Was für Reden sind das?

**Louise** *steht auf und kommt vorwärts.* Ich hab einen harten Kampf gekämpft. Er weiß es Vater. Gott gab mir Kraft. Der Kampf ist entschieden. Vater! man pflegt unser Geschlecht zart und zerbrechlich zu nennen. Glaub Er das nicht mehr. Vor einer Spinne schütteln wir uns, aber das schwarze Ungeheuer Verwesung drücken wir im Spaß in die Arme. Dieses zur Nachricht Vater. Seine Louise ist lustig.

*Dieses zur Nachricht Vater.* Dies zu Seiner Information, Vater.

**Miller.** Höre Tochter! Ich wollte du heultest. Du gefielst mir so besser.

**Louise.** Wie ich ihn überlisten will, Vater! Wie ich den Tyrannen betrügen will! – Die Liebe ist schlauer als die Bosheit und kühner – das hat er nicht gewusst, der Mann mit dem traurigen Stern – O! sie sind pfiffig, solang sie es nur mit dem Kopf zu tun haben, aber sobald sie mit dem Herzen anbinden, werden die Böswichter dumm – – Mit einem Eid gedachte er seinen Betrug zu versiegeln? Eide, Vater, binden wohl die Lebendigen, im Tode schmilzt auch der Sakramente eisernes Band. Ferdinand wird seine Louise kennen – Will Er mir dies Billett besorgen, Vater? Will Er so gut sein?

*der Mann mit dem traurigen Stern* der Präsident mit seinem jämmerlichen Ordensstern auf der Brust

*der Sakramente eisernes Band* (vgl. Seite 79 unten)

**Miller.** An Wen, meine Tochter?

**Louise.** Seltsame Frage! Die Unendlichkeit und mein Herz haben miteinander nicht Raum genug für einen einzigen Gedanken an ihn – Wenn hätt ich denn wohl an sonst jemand schreiben sollen?

*Wenn* Wann

**Miller** *unruhig.* Höre Louise! Ich erbreche den Brief.

*erbreche* breche das Siegel (des Briefes) auf

**Louise.** Wie Er will, Vater – aber Er wird nicht klug daraus werden. Die Buchstaben liegen wie kalte Leichname da, und leben nur Augen der Liebe.

*nur Augen der Liebe* nur für die Augen eines Liebenden

**Miller** *liest.* »Du bist verraten, Ferdinand – ein Bubenstück ohne Beispiel zerriss den Bund unsrer Herzen, aber ein schröcklicher Schwur hat meine Zunge gebunden, und dein Vater hat überall seine Horcher gestellt. Doch wenn du Mut hast, Geliebter – ich weiß einen dritten Ort, wo kein Eidschwur mehr bindet, und wohin ihm kein Horcher geht.«

*Miller hält inne, und sieht ihr ernsthaft ins Gesicht.*

**Louise.** Warum sieht Er mich so an? Les Er doch ganz aus, Vater.

**Miller.** »Aber Mut genug musst du haben, eine finstre Straße zu wandeln, wo dir nichts leuchtet, als deine Louise und Gott – Ganz nur Liebe musst du kommen, daheim lassen all deine Hoffnungen, und all deine brausenden Wünsche; nichts kannst du brauchen als dein Herz. Willst du – so brich auf, wenn die Glocke den zwölften Streich tut auf dem Karmeliterturm. Bangt dir – so durchstreiche das Wort stark vor deinem Geschlechte, denn ein Mädchen hat dich zu Schanden gemacht.«

*Miller legt das Billett nieder, schaut lange mit einem schmerzlichen starren Blick vor sich hinaus, endlich kehrt er sich gegen sie, und sagt mit leiser gebrochener Stimme.* Und dieser dritte Ort, meine Tochter?

*Streich* Schlag

*Karmeliterturm* Kirchturm der Karmeliterkirche

*dich zu Schanden gemacht* dich beschämt, deine Schwäche offenbart

**Louise.** Er kennt ihn nicht, Er kennt ihn wirklich nicht, Vater? – Sonderbar! Der Ort ist zum Finden gemalt. Ferdinand wird ihn finden.

**Miller.** Hum! Rede deutlicher.

**Louise.** Ich weiß so eben kein liebliches Wort dafür – Er muss nicht erschrecken Vater, wenn ich Ihm ein hässliches nenne. Dieser Ort – O warum hat die Liebe nicht Namen erfunden! Den schönsten hätte sie diesem gegeben. Der dritte Ort, guter Vater – aber Er muss mich ausreden lassen – Der dritte Ort ist das Grab.

**Miller** *zu einem Sessel hinwankend.* O mein Gott!

**Louise** *geht auf ihn zu und hält ihn.* Nicht doch mein Vater! Das sind nur Schauer, die sich um das Wort herumlagern – Weg mit diesem, und es liegt ein Brautbette da, worüber der Morgen seinen goldenen Teppich breitet, und die Frühlinge ihre bunte Girlanden streun. Nur ein heulender Sünder konnte den Tod ein Gerippe schelten; es ist ein holder niedlicher Knabe, blühend, wie sie den Liebesgott malen, aber so tückisch nicht – ein stiller dienstbarer Genius, der der erschöpften Pilgerin Seele den Arm bietet über den Graben der Zeit, das Feenschloss der ewigen Herrlichkeit aufschließt, freundlich nickt, und verschwindet.

*Liebesgott* der römische Liebesgott Amor

*tückisch* hinterlistig; Amor schießt seine Pfeile aus dem Verborgenen ab.

*Genius* (lat.) Seelenführer, Schutzgeist

*Graben der Zeit* die Kluft zwischen Leben und Tod

**Miller.** Was hast du vor, meine Tochter? – Du willst eigenmächtig Hand an dich legen.

**Louise.** Nenn Er es nicht so mein Vater. Eine Gesellschaft räumen, wo ich nicht wohlgelitten bin – An einen Ort vorausspringen, den ich nicht länger missen kann – Ist denn das Sünde?

**Miller.** Selbstmord ist die abscheulichste mein Kind – die einzige, die man nicht mehr bereuen kann, weil Tod und Missetat zusammenfallen.

**Louise** *bleibt erstarrt stehn.* Entsetzlich! – Aber so rasch wird es doch nicht gehn. Ich will in den Fluss springen, Vater, und im Hinuntersinken Gott den Allmächtigen um Erbarmen bitten.

**Miller.** Das heißt, du willst den Diebstahl bereuen, sobald du das Gestohlene in Sicherheit weißt – Tochter! Tochter! gib acht, dass du Gottes nicht spottest, wenn du seiner am meisten vonnöten hast. O! es ist weit! weit mit dir gekommen! – Du hast dein Gebet aufgegeben, und der Barmherzige zog seine Hand von dir.

**Louise.** Ist lieben denn Frevel, mein Vater?

**Miller.** Wenn du Gott liebst, wirst du nie bis zum Frevel lieben – – Du hast mich tief gebeugt, meine Einzige! tief, tief, vielleicht zur Grube gebeugt. – Doch! ich will dir dein Herz nicht noch schwerer machen – Tochter! ich sprach vorhin etwas. Ich glaubte allein zu sein. Du hast mich behorcht, und warum sollt ich's noch länger geheim halten? Du warst mein Abgott. Höre Louise, wenn du noch Platz für das Gefühl eines Vaters hast – Du warst mein Alles. Jetzt vertust du nicht mehr von deinem Eigentum. Auch Ich hab alles zu verlieren. Du siehst, mein Haar fängt an grau zu werden. Die Zeit meldet sich allgemach bei mir, wo uns Vätern die Kapitale zustattenkommen, die wir im Herzen unsrer Kinder anlegten – Wirst du mich darum betrügen, Louise? Wirst du dich mit dem Hab und Gut deines Vaters auf und davon machen?

*allgemach* allmählich

*Kapitale* Geldbeträge, hier im übertragenen Sinne gebraucht: Investitionen in die spätere Liebe und Dankbarkeit der Kinder

**Louise** *küsst seine Hand mit der heftigsten Rührung.* Nein mein Vater. Ich gehe als Seine große Schuldnerin aus der Welt, und werde in der Ewigkeit mit Wucher bezahlen.

*Wucher* Zins und Zinseszins

**Miller.** Gib acht, ob du dich da nicht verrechnest, mein Kind? *Sehr ernst und feierlich.* Werden wir uns dort wohl noch finden? – – Sieh! Wie du blass wirst! – Meine Louise begreift es von selbst, dass ich sie in jener Welt nicht wohl mehr einholen kann, weil ich nicht so früh dahin eile, wie sie. *Louise stürzt ihm in den Arm, von Schauern ergriffen – Er drückt sie mit Feuer an seine Brust und fährt fort mit beschwörender Stimme.* O Tochter! Tochter! Gefallene, vielleicht schon verlorene Tochter! Beherzige das ernsthafte Vaterwort! Ich kann nicht über dich wachen. Ich kann dir die Messer nehmen, du kannst dich mit einer Stricknadel töten. Für Gift kann ich dich bewahren, du kannst dich mit einer Schnur Perlen erwürgen. – Louise – Louise – nur warnen kann ich dich noch – Willst du

*Für* hier: Vor

es darauf ankommen lassen, dass dein treuloses Gaukelbild auf der schröcklichen Brücke zwischen Zeit und Ewigkeit von dir weiche? Willst du dich vor des Allwissenden Thron mit der Lüge wagen: Deinetwegen, Schöpfer, bin ich da! wenn deine strafbare Augen ihre sterbliche Puppe suchen? – Und wenn dieser zerbrechliche Gott deines Gehirns, jetzt Wurm wie du, zu den Füßen deines Richters sich windet, deine gottlose Zuversicht in diesem schwankenden Augenblick Lügen straft, und deine betrogene Hoffnungen an die ewige Erbarmung verweist, die der Elende für sich selbst kaum erflehen kann – Wie dann? *Nachdrücklicher, lauter.* Wie dann Unglückselige? *Er hält sie fester, blickt sie eine Weile starr und durchdringend an, dann verlässt er sie schnell.* Jetzt weiß ich nichts mehr *mit aufgehobener Rechte* stehe dir, Gott Richter! für diese Seele nicht mehr. Tu was du willst. Bring deinem schlanken Jüngling ein Opfer, dass deine Teufel jauchzen, und deine guten Engel zurücktreten – Zieh hin! Lade alle deine Sünden auf, lade auch diese, die letzte, die entsetzlichste auf, und wenn die Last noch zu leicht ist, so mache mein Fluch das Gewicht vollkommen – Hier ist ein Messer – durchstich dein Herz, und *indem er laut weinend fortstürzen will* das Vaterherz!

*treuloses Gaukelbild* hier: die vermeintlich nur vorgetäuschte Liebe Ferdinands

*sterbliche Puppe … dieser zerbrechliche Gott deines Gehirns* gemeint ist jeweils Ferdinand

*stehe dir, Gott Richter! für diese Seele nicht mehr* kann vor dir … nicht mehr für diese Seele bürgen

**Louise** *springt auf und eilt ihm nach.* Halt! Halt! O mein Vater! – Dass die Zärtlichkeit noch barbarischer zwingt, als Tyrannenwut! – Was soll ich? Ich kann nicht! Was muss ich tun?

**Miller.** Wenn die Küsse deines Majors heißer brennen als die Tränen deines Vaters – stirb!

**Louise** *nach einem qualvollen Kampf mit einiger Festigkeit.* Vater! Hier ist meine Hand! Ich will – Gott! Gott! was tu ich? was will ich? Vater ich schwöre – Wehe mir, wehe! Verbrecherin wohin ich mich neige! – Vater es sei! – Fer-

*wohin ich mich neige* was ich auch tue, welchen Entschluss ich auch fasse

*zernicht* vernichte, zerstöre

*sein letztes Gedächtnis* das letzte Gedenken an ihn

*setze … auf die Laute* komponiere … für die Laute

*Ballade* volkstümliches Gedicht bzw. hier: Lied erzählenden Inhalts

*der Weinenden* der vor Rührung weinenden Zuhörer

dinand – Gott sieht herab! – So zernicht ich sein letztes Gedächtnis. *Sie zerreißt den Brief.*

**Miller** *stürzt ihr freudetrunken an den Hals.* Das ist meine Tochter! – Blick auf! Um einen Liebhaber bist du leichter, dafür hast du einen glücklichen Vater gemacht. *Unter Lachen und Weinen sie umarmend.* Kind! Kind, das ich den Tag meines Lebens nicht wert war! Gott weiß, wie ich schlechter Mann zu diesem Engel gekommen bin! – Meine Louise, mein Himmelreich! – O Gott! ich verstehe ja wenig vom Lieben, aber dass es eine Qual sein muss, aufzuhören – so was begreif ich noch.

**Louise.** Doch hinweg aus dieser Gegend mein Vater – Weg von der Stadt, wo meine Gespielinnen meiner spotten, und mein guter Name dahin ist auf immerdar – Weg, weg, weit weg von dem Ort, wo mich so viele Spuren der verlorenen Seligkeit anreden – Weg, wenn es möglich ist –

**Miller.** Wohin du nur willst, meine Tochter. Das Brot unsers Herrgotts wächst überall, und Ohren wird er auch meiner Geige bescheren. Ja! Lass auch alles dahingehn – Ich setze die Geschichte deines Grams auf die Laute, singe dann ein Lied von der Tochter, die, ihren Vater zu ehren, ihr Herz zerriss – wir betteln mit der Ballade von Türe zu Türe, und das Almosen wird köstlich schmecken von den Händen der Weinenden –

## Zweite Szene

**Ferdinand** *zu den* **Vorigen.**

**Louise** *wird ihn zuerst gewahr, und wirft sich Millern laut schreiend um den Hals.* Gott! Da ist er! Ich bin verloren!

**Miller.** Wo? Wer?

**Louise** *zeigt mit abgewandtem Gesicht auf den Major, und drückt sich fester an ihren Vater.* Er! Er selbst! – Seh Er nur um sich Vater – Mich zu ermorden ist er da.

**Miller** *erblickt ihn, fährt zurück.* Was? Sie hier Baron?

**Ferdinand** *kommt langsam näher, bleibt Louisen gegenüber stehn, und lässt den starren forschenden Blick auf ihr ruhen, nach einer Pause.* Überraschtes Gewissen, habe Dank! Dein Bekenntnis ist schrecklich aber schnell und gewiss, und erspart mir die Folterung. – Guten Abend Miller.

**Miller.** Aber um Gottes willen! Was wollen Sie Baron? Was führt Sie her? Was soll dieser Überfall?

**Ferdinand.** Ich weiß eine Zeit, wo man den Tag in seine Sekunden zerstückte, wo Sehnsucht nach mir sich an die Gewichte der zögernden Wanduhr hing, und auf den Aderschlag lauerte, unter dem ich erscheinen sollte – Wie kommt's, dass ich jetzt überrasche?

*zerstückte* zerstückelte

*Aderschlag* Pulsschlag

**Miller.** Gehen Sie, gehen Sie Baron – Wenn noch ein Funke von Menschlichkeit in Ihrem Herzen zurückblieb – Wenn Sie die nicht erwürgen wollen, die Sie zu lieben vorgeben, fliehen Sie, bleiben Sie keinen Augenblick länger. Der Segen war fort aus meiner Hütte, sobald Sie einen Fuß darein setzten – Sie haben das Elend unter mein Dach gerufen, wo sonst nur die Freude zu Hause war. Sind Sie noch nicht zufrieden? Wollen Sie auch in der Wunde noch wühlen, die Ihre unglückliche Bekanntschaft meinem einzigen Kinde schlug?

**Ferdinand.** Wunderlicher Vater, jetzt komm ich ja, deiner Tochter etwas Erfreuliches zu sagen.

**Miller.** Neue Hoffnungen etwa zu einer neuen Verzweiflung? – Geh Unglücksbote! Dein Gesicht schimpft deine Ware.

*schimpft* straft Lügen

**Ferdinand.** Endlich ist es erschienen, das Ziel meiner Hoffnungen! Lady Milford, das furchtbarste Hindernis unsrer Liebe, floh diesen Augenblick aus dem Lande. Mein Vater billigt meine Wahl. Das Schicksal lässt nach, uns zu verfolgen. Unsre glücklichen Sterne gehen auf – Ich bin jetzt da, mein gegebenes Wort einzulösen, und meine Braut zum Altar abzuholen.

**Miller.** Hörst du ihn meine Tochter? Hörst du ihn sein Gespötte mit deinen getäuschten Hoffnungen treiben? O wahrlich Baron! Es steht dem Verführer so schön, an seinem Verbrechen seinen Witz noch zu kützeln.

*seinen Witz noch zu kützeln* seinen Geist bzw. Verstand noch zu belustigen

**Ferdinand.** Du glaubst, ich scherze. Bei meiner Ehre nicht! Meine Aussage ist wahr, wie die Liebe meiner Louise, und heilig will ich sie halten, wie Sie ihre Eide – Ich kenne nichts Heiligers – Noch zweifelst du? Noch kein freudiges Erröten auf den Wangen meiner schönen Gemahlin? Sonderbar! Die Lüge muss hier gangbare Münze sein, wenn die Wahrheit so wenig Glauben findet. Ihr misstraut meinen Worten? So glaubt diesem schriftlichen Zeugnis. *Er wirft Louisen den Brief an den Marschall zu.*

*gangbare Münze* allgemein üblich

*Louise schlägt ihn auseinander, und sinkt leichenblass nieder.*

**Miller** *ohne das zu bemerken, zum Major.* Was soll das bedeuten, Baron? Ich verstehe Sie nicht.

**Ferdinand** *führt ihn zu Louisen hin.* Desto besser hat mich diese verstanden!

**Miller** *fällt an ihr nieder.* O Gott! meine Tochter!

**Ferdinand.** Bleich wie der Tod! – Jetzt erst gefällt sie mir deine Tochter! So schön war sie nie die fromme rechtschaffne Tochter – Mit diesem Leichengesicht – – Der Odem des Weltgerichts, der den Firnis von jeder Lüge streift, hat jetzt die Schminke verblasen, womit die Tau-

*Firnis* oberflächlichen Glanz, äußeren Schein

*verblasen* weggeblasen

sendkünstlerin auch die Engel des Lichts hintergangen hat – Es ist ihr schönstes Gesicht! Es ist ihr e r s t e s w a h r e s Gesicht! Lass mich es küssen. *Er will auf sie zugehen.*

**Miller.** Zurück! Weg! Greife nicht an das Vaterherz, Knabe! Vor deinen Liebkosungen konnt ich sie nicht bewahren, aber ich kann es vor deinen Misshandlungen.

**Ferdinand.** Was willst du Graukopf? Mit dir hab ich nichts zu schaffen. Menge dich ja nicht in ein Spiel, das so offenbar verloren ist – oder bist du auch vielleicht klüger, als ich dir zugetraut habe? Hast du die Weisheit deiner sechzig Jahre zu den Buhlschaften deiner Tochter geborgt, und dies ehrwürdige Haar mit dem Gewerb eines Kupplers geschändet? – O! wenn das n i c h t ist, unglücklicher alter Mann, lege dich nieder und stirb – Noch ist es Zeit. Noch kannst du in dem süßen Taumel entschlafen: Ich war ein glücklicher Vater! – einen Augenblick später, und du schleuderst die giftige Natter ihrer höllischen Heimat zu, verfluchst das Geschenk und den Geber, und fährst mit der Gotteslästerung in die Grube. *Zu Louisen.* Sprich Unglückselige! Schriebst du diesen Brief?

**Miller** *warnend zu Louisen.* Um Gotteswillen, Tochter! Vergiss nicht! Vergiss nicht!

**Louise.** O dieser Brief mein Vater –

**Ferdinand.** Dass er in die unrechte Hände fiel? – Gepriesen sei mir der Zufall, er hat größere Taten getan als die klügelnde Vernunft, und wird besser bestehn an jenem Tag als der Witz aller Weisen – Zufall sage ich? – O die Vorsehung ist dabei, wenn Sperlinge fallen, warum nicht, wo ein Teufel entlarvt werden soll? – Antwort will ich! – Schriebst du diesen Brief?

**Miller** *seitwärts zu ihr mit Beschwörung.* Standhaft! Standhaft meine Tochter! Nur noch das einzige Ja, und alles ist überwunden.

*Tausendkünstlerin* Taschenspielerin, Teufelin

*giftige Natter* gemeint ist Louise

*klügelnde* sich klug gebende

*Witz* hier: Klugheit, Verstand

*O die Vorsehung ist dabei, wenn Sperlinge fallen* → Seite 148

**Ferdinand.** Lustig! Lustig! Auch der Vater betrogen. Alles betrogen! Nun sieh, wie sie dasteht die Schändliche, und selbst ihre Zunge nun ihrer letzten Lüge den Gehorsam aufkündigt! Schwöre bei Gott! bei dem fürchterlich wahren! Schriebst du diesen Brief?

**Louise** *nach einem qualvollen Kampf, worin sie durch Blicke mit ihrem Vater gesprochen hat, fest und entscheidend.* Ich schrieb ihn.

**Ferdinand** *bleibt erschrocken stehen.* Louise – Nein! So wahr meine Seele lebt! du lügst – Auch die Unschuld bekennt sich auf der Folterbank zu Freveln, die sie nie beging – Ich fragte zu heftig – Nicht wahr Louise – du bekanntest nur, weil ich zu heftig fragte?

**Louise.** Ich bekannte was wahr ist.

*Hauch* Atem(zug)

**Ferdinand.** Nein sag ich! Nein! Nein! Du schriebst nicht. Es ist deine Hand gar nicht – Und wäre sie's, warum sollten Handschriften schwerer nachzumachen sein, als Herzen zu verderben? Rede mir wahr Louise – oder nein, nein, tu es nicht, du könntest Ja sagen, und ich wär verloren – Eine Lüge Louise – eine Lüge – O wenn du jetzt eine wüsstest, mir hinwärfest mit der offenen Engelmiene, nur mein Ohr, nur mein Aug überredetest, dieses Herz auch noch so abscheulich täuschtest – O Louise! Alle Wahrheit möchte dann mit diesem Hauch aus der Schöpfung wandern, und die gute Sache ihren starren Hals von nun an zu einem höfischen Bückling beugen! *Mit scheuem bebenden Ton.* Schriebst du diesen Brief?

**Louise.** Bei Gott! Bei dem fürchterlich wahren! Ja!

**Ferdinand** *nach einer Pause im Ausdruck des tiefsten Schmerzens.* Weib! Weib! – Das Gesicht, mit dem du jetzt vor mir stehst! – Teile mit diesem Gesicht Paradiese aus, du wirst selbst im Reich der Verdammnis keinen Käufer finden – Wusstest du, was du mir warest, Louise? Ohnmöglich! Nein! Du wusstest nicht, dass du mir A l l e s warst! Alles! – Es ist ein armes verächtliches Wort, aber die Ewigkeit hat Mühe, es zu umwandern, Weltsysteme vollenden ihre Bahnen darin – Alles! Und so frevelhaft damit zu spielen – O es ist schrecklich –

**Louise.** Sie haben mein Geständnis Herr von Walter. Ich habe mich selbst verdammt. Gehen Sie nun! Verlassen Sie ein Haus, wo Sie so unglücklich waren.

**Ferdinand.** Gut! Gut! Ich bin ja ruhig – ruhig, sagt man ja, ist auch der schaudernde Strich Landes, worüber die Pest ging – ich bin's. *Nach einigem Nachdenken.* Noch eine Bitte Louise – die letzte! Mein Kopf brennt so fieberisch. Ich brauche Kühlung – Willst du mir ein Glas Limonade zurechtmachen.

*Strich Landes* Landstrich, Gegend

*Louise geht ab.*

## Dritte Szene

**Ferdinand** *und* **Miller.**

*Beide gehen ohne ein Wort zu reden einige Pausen lang auf den entgegengesetzten Seiten des Zimmers auf und ab.*

**Miller** *bleibt endlich stehen und betrachtet den Major mit trauriger Miene.* Lieber Baron, kann es Ihren Gram vielleicht mindern, wann ich Ihnen gestehe, dass ich Sie herzlich bedaure?

*wann* wenn

**Ferdinand.** Lass Er es gut sein Miller. *Wieder einige Schritte.* Miller, ich weiß nur kaum noch, wie ich in Sein Haus kam – Was war die Veranlassung?

**Miller.** Wie Herr Major? Sie wollten ja Lektion auf der Flöte bei mir nehmen? Das wissen Sie nicht mehr?

*Lektion* Unterricht

*akkordierten* vereinbarten

**Ferdinand** *rasch.* Ich sah Seine Tochter. *Wiederum einige Pausen.* Er hat nicht Wort gehalten, Freund. Wir akkordierten Ruhe für meine einsame Stunden. Er betrog mich, und verkaufte mir Skorpionen. *Da er Millers Bewegung sieht.* Nein! Erschrick nur nicht alter Mann. *Gerührt an seinem Hals.* Du bist nicht schuldig.

**Miller** *die Augen wischend.* Das weiß der allwissende Gott!

*an diesem Apfel den Tod essen sollte* Anspielung auf den biblischen Sündenfall (1. Mose 3)

*Gepresst* Bedrückt, verlegen

**Ferdinand** *aufs Neue hin und her, in düstres Grübeln versunken.* Seltsam o unbegreiflich seltsam spielt Gott mit uns. An dünnen unmerkbaren Seilen hängen oft fürchterliche Gewichte – Wüsste der Mensch, dass er an diesem Apfel den Tod essen sollte – Hum! – wüsste er das? *Heftiger auf und nieder, dann Millers Hand mit starker Bewegung fassend.* Mann! ich bezahle dir dein bisschen Flöte zu teuer – – und du gewinnst nicht einmal – auch du verlierst – verlierst vielleicht alles. *Gepresst von ihm weggehend.* Unglückseliges Flötenspiel, das mir nie hätte einfallen sollen.

**Miller** *sucht seine Rührung zu verbergen.* Die Limonade bleibt auch gar zu lang außen. Ich denke, ich sehe nach, wenn Sie mir's nicht für übel nehmen –

**Ferdinand.** Es eilt nicht lieber Miller *vor sich hinmurmelnd* zumal für den Vater nicht – Bleib Er nur – Was hatt ich doch fragen wollen? – Ja! – Ist Louise Seine einzige Tochter? Sonst hat Er keine Kinder mehr?

*einzustecken* zu vereinnahmen, in Beschlag zu nehmen

**Miller** *warm.* Habe sonst keins mehr Baron – wünsch mir auch keins mehr. Das Mädel ist just so recht, mein ganzes Vaterherz einzustecken – hab meine ganze Barschaft von Liebe an der Tochter schon zugesetzt.

**Ferdinand** *heftig erschüttert.* Ha! – – Seh Er doch lieber nach dem Trank, guter Miller.

*Miller geht ab.*

## Vierte Szene

**Ferdinand** *allein.*

Das einzige Kind! – Fühlst du das, Mörder? Das einzige! Mörder! hörst du, das einzige? – Und der Mann hat auf der großen Welt Gottes nichts, als sein Instrument und das einzige – Du willst's ihm rauben?
Rauben? – Rauben den letzten Notpfennig einem Bettler? Die Krücke zerbrochen vor die Füße werfen dem Lahmen? Wie? Hab ich auch Brust für das? – – Und wenn er nun heimeilt, und nicht erwarten kann, die ganze Summe seiner Freuden vom Gesicht dieser Tochter herunterzuzählen, und hereintritt, und sie daliegt die Blume – welk – tot – zertreten, mutwillig die letzte, einzige, unüberschwängliche Hoffnung – Ha! und er dasteht vor ihr, und dasteht, und ihm die ganze Natur den lebendigen Odem anhält, und sein erstarrter Blick die entvölkerte Unendlichkeit fruchtlos durchwandert, Gott sucht, und Gott nicht mehr finden kann, und leerer zurückkommt – – Gott! Gott! aber auch mein Vater hat diesen einzigen Sohn – den einzigen Sohn, doch nicht den einzigen Reichtum – *Nach einer Pause.* Doch wie? was verliert er denn? Das Mädchen, dem die heiligsten Gefühle der Liebe nur Puppen waren, wird es den Vater glücklich machen können? – Es wird nicht! Es wird nicht! Und ich verdiene noch Dank, dass ich die Natter zertrete, ehe sie auch noch den Vater verwundet.

*Brust für das* Mut dazu

*unüberschwängliche* unübertreffliche, unüberbietbare

*Puppen* hier: lebloses, wertloses Spielzeug

## Fünfte Szene

**Miller** *der zurückkommt und* **Ferdinand.**

**Miller.** Gleich sollen Sie bedient sein, Baron. Draußen sitzt das arme Ding, und will sich zu Tode weinen. Sie wird Ihnen mit der Limonade auch Tränen zu trinken geben.

**Ferdinand.** Und wohl, wenn's nur Tränen wären! – – Weil wir vorhin von der Musik sprachen Miller – *Eine Börse ziehend.* Ich bin noch Sein Schuldner.

**Miller.** Wie? Was? Gehen Sie mir Baron! Wofür halten Sie mich? Das steht ja in guter Hand, tun Sie mir doch den Schimpf nicht an, und sind wir ja, will's Gott! nicht das letzte Mal beieinander.

**Ferdinand.** Wer kann das wissen? Nehm Er nur. Es ist für Leben und Sterben.

**Miller** *lachend.* O deswegen Baron! Auf den Fall, denk ich, kann man's wagen bei Ihnen.

**Ferdinand.** Man wagte wirklich – Hat Er nie gehört, dass Jünglinge gefallen sind – Mädchen und Jünglinge, die Kinder der Hoffnung, die Luftschlösser betrogener Väter – Was Wurm und Alter nicht tun, kann oft ein Donnerschlag ausrichten – Auch Seine Louise ist nicht unsterblich.

*Wurm* hier als Symbol für den (körperlichen) Verfall

*Donnerschlag* plötzliches Unglück

**Miller.** Ich hab sie von Gott.

**Ferdinand.** Hör Er – Ich sag Ihm, sie ist nicht unsterblich. Diese Tochter ist Sein Augapfel. Er hat sich mit Herz und Seel an diese Tochter gehängt. Sei Er vorsichtig Miller. Nur ein verzweifelter Spieler setzt alles auf einen einzigen Wurf. Einen Waghals nennt man den Kaufmann, der auf ein Schiff sein ganzes Vermögen ladet – Hör Er, denk Er der Warnung nach – – Aber warum nimmt Er Sein Geld nicht?

*auf einen einzigen Wurf* gemeint ist: im Würfelspiel

**Miller.** Was Herr? Die ganze allmächtige Börse? Wohin denken Euer Gnaden?

*allmächtige* (schwäbisch) riesige, ungeheuer große

**Ferdinand.** Auf meine Schuldigkeit – Da! *Er wirft den Beutel auf den Tisch, dass Goldstücke herausfallen.* Ich kann den Quark nicht eine Ewigkeit so halten.

**Miller** *bestürzt.* Was beim großen Gott? Das klang nicht wie Silbergeld! *Er tritt zum Tisch, und ruft mit Entsetzen.* Wie um aller Himmel willen Baron? Baron? Wo sind Sie? Was treiben Sie Baron? Das nenn ich mir Zerstreuung! *Mit zusammengeschlagenen Händen.* Hier liegt ja – oder bin ich verhext, oder – Gott verdamm mich! Da g r e i f ich ja das bare gelbe leibhafte Gottesgold – – Nein Satanas! Du sollst mich nicht daran kriegen!

*Zerstreuung* hier: Gedankenlosigkeit, Zerstreutheit

**Ferdinand.** Hat Er Alten oder Neuen getrunken, Miller?

*Alten oder Neuen* gemeint ist: Wein

**Miller** *grob.* Donner und Wetter! Da schauen Sie nur hin! – Gold!

**Ferdinand.** Und was nun weiter?

**Miller.** Ins Henkers Namen – ich sage – ich bitte Sie um Gottes Christi willen – Gold!

**Ferdinand.** Das ist nun freilich etwas Merkwürdiges.

**Miller** *nach einigem Stillschweigen zu ihm gehend mit Empfindung.* Gnädiger Herr, ich bin ein schlichter gerader Mann, wenn Sie mich etwa zu einem Bubenstück anspannen wollen – denn so viel Geld lässt sich, weiß Gott, nicht mit etwas Gutem verdienen.

**Ferdinand** *bewegt.* Sei Er ganz getrost, lieber Miller. Das Geld hat Er längst verdient, und Gott bewahre mich, dass ich mich mit Seinem guten Gewissen dafür bezahlt machen sollte.

**Miller** *wie ein Halbnarr in die Höhe springend.* Mein also! Mein! Mit des guten Gottes Wissen und Willen, mein! *Nach der Türe laufend, schreiend.* Weib! Tochter! Viktoria! Herbei! *Zurückkommend.* Aber du lieber Himmel! wie

*Viktoria* (lat.) Sieg

komm ich denn so auf einmal zu dem ganzen grausamen Reichtum? Wie verdien ich ihn? Lohn ich ihn? Heh?

**Ferdinand.** Nicht mit Seinen Musikstunden, Miller – Mit dem Geld hier bezahl ich Ihm *von Schauern ergriffen hält er inn'* bezahl ich Ihm *nach einer Pause mit Wehmut* den drei Monat langen glücklichen Traum von Seiner Tochter.

**Miller** *fasst seine Hand, die er stark drückt.* Gnädiger Herr! Wären Sie ein schlechter geringer Bürgersmann – *rasch* und mein Mädel liebte Sie nicht? Erstechen wollt ich's, das Mädel. *Wieder beim Geld, darauf niedergeschlagen.* Aber da hab ich ja nun alles, und Sie nichts, und da werd ich nun das ganze Gaudium wieder herausblechen müssen? Heh?

**Ferdinand.** Lass Er sich das nicht anfechten, Freund – Ich reise ab, und in dem Land, wo ich mich zu setzen gedenke, gelten die Stempel nicht.

**Miller** *unterdessen mit unverwandten Augen auf das Gold hingeheftet, voll Entzückung.* Bleibt's also mein? Bleibt's? – Aber das tut mir nur leid, dass Sie verreisen – Und wart, was ich jetzt auftreten will! Wie ich die Backen jetzt voll nehmen will! *Er setzt den Hut auf, und schießt durch das Zimmer.* Und auf dem Markt will ich meine Musikstunden geben, und Numero fünfe Dreikönig rauchen, und wenn ich wieder auf den Dreibatzenplatz sitze, soll mich der Teufel holen. *Will fort.*

**Ferdinand.** Bleib Er! Schweig Er! und streich Er sein Geld ein. *Nachdrücklich.* Nur diesen Abend noch schweig Er, und geb Er, mir zu Gefallen, von nun an keine Musikstunden mehr.

**Miller** *noch hitziger, und ihn hart an der Weste fassend voll inniger Freude.* Und Herr! meine Tochter! *Ihn wieder loslassend.* Geld macht den Mann nicht – Geld nicht – Ich

*grausamen* gewaltigen, ungeheuren

*hält er inn'* hält er inne, erstarrt er

*Gaudium* (lat.) Freude

*herausblechen* zurückzahlen

*das nicht anfechten* davon nicht beunruhigen, bekümmern

*zu setzen* niederzulassen

*Stempel* hier: die derart geprägten Münzen

*was* hier: wie

*auf dem Markt* öffentlich und umsonst

*Numero fünfe Dreikönig* teure Tabakmarke

*Dreibatzenplatz* → Seite 148

habe Kartoffeln gegessen oder ein wildes Huhn; satt ist satt, und dieser Rock da ist ewig gut, wenn Gottes liebe Sonne nicht durch den Ärmel scheint – Für mich ist das Plunder – Aber dem Mädel soll der Segen bekommen, was ich ihr nur an den Augen absehen kann, soll sie haben –

**Ferdinand** *fällt rasch ein.* Stille, o Stille –

**Miller** *immer feuriger.* Und soll mir Französisch lernen aus dem Fundament, und Menuetttanzen, und Singen, dass man's in den Zeitungen lesen soll; und eine Haube soll sie tragen wie die Hofratstöchter, und einen Kidebarri, wie sie's heißen, und von der Geigerstochter soll man reden auf vier Meilen weit –

**Ferdinand** *ergreift seine Hand mit der schrecklichsten Bewegung.* Nichts mehr! Nichts mehr! Um Gottes willen, schweig Er still! Nur noch heute schweig Er still, das sei der einzige Dank, den ich von Ihm fordre!

*wildes Huhn* Rebhuhn; damals eine günstige Mahlzeit

*Plunder* wertloser Kram, Zeug

*aus dem Fundament* von Grund auf

*Menuetttanzen* (frz.) ›Tanz mit kleinen Schritten‹; beliebter Hof- und Gesellschaftstanz

*Kidebarri* → Seite 148

## Sechste Szene

**Louise** *mit der Limonade und die* **Vorigen.**

**Louise** *mit rotgeweinten Augen, und zitternder Stimme, indem sie dem Major das Glas auf einem Teller bringt.* Sie befehlen, wenn sie nicht stark genug ist?

**Ferdinand** *nimmt das Glas, setzt es nieder, und dreht sich rasch gegen Millern.* O beinahe hätt ich das vergessen! – Darf ich Ihn um etwas bitten lieber Miller? Will Er mir einen kleinen Gefallen tun?

**Miller.** Tausend für einen! Was befehlen – –

**Ferdinand.** Man wird mich bei der Tafel erwarten. Zum Unglück hab ich eine sehr böse Laune. Es ist mir ganz

*Sie befehlen* Sie verlangen eine andere (Limonade)

unmöglich, unter Menschen zu gehn – Will Er einen Gang tun zu meinem Vater und mich entschuldigen?

**Louise** *erschrickt und fällt schnell ein.* Den Gang kann ja Ich tun.

**Miller.** Zum Präsidenten?

**Ferdinand.** Nicht zu ihm selbst. Er übergibt Seinen Auftrag in der Garderobe einem Kammerdiener – Zu Seiner Legitimation ist hier meine Uhr – Ich bin noch da, wenn Er wiederkommt. – Er wartet auf Antwort.

*Garderobe* hier: Dienerzimmer, Vorzimmer

*Legitimation* (lat.) Beglaubigung, Ausweis

**Louise** *sehr ängstlich.* Kann denn Ich das nicht auch besorgen?

**Ferdinand** *zu Millern, der eben fort will.* Halt, und noch etwas! Hier ist ein Brief an meinen Vater, der diesen Abend an mich eingeschlossen kam – Vielleicht dringende Geschäfte – Es geht in einer Bestellung hin –

*an mich eingeschlossen* in einen an Ferdinand adressierten Brief eingelegt

**Miller.** Schon gut, Baron!

**Louise** *hängt sich an ihn, in der entsetzlichsten Bangigkeit.* Aber mein Vater, dies alles könnt ich ja recht gut besorgen.

**Miller.** Du bist allein, und es ist finstre Nacht meine Tochter. *Ab.*

**Ferdinand.** Leuchte deinem Vater, Louise. *Währenddem, dass sie Millern mit dem Licht begleitet, tritt er zum Tisch, und wirft Gift in ein Glas Limonade.* Ja! Sie soll dran! Sie soll! Die obern Mächte nicken mir ihr schreckliches Ja herunter, die Rache des Himmels unterschreibt, ihr guter Engel lässt sie fahren –

## Siebente Szene

**Ferdinand** *und* **Louise.**

*Sie kommt langsam mit dem Lichte zurück, setzt es nieder, und stellt sich auf die entgegengesetzte Seite vom Major, das Gesicht auf den Boden geschlagen, und nur zuweilen furchtsam und verstohlen nach ihm herüberschielend. Er steht auf der andern Seite, und sieht starr vor sich hinaus.*

*Großes Stillschweigen, das diesen Auftritt ankündigen muss.*

**Louise.** Wollen Sie mich akkompagnieren Herr von Walter, so mach ich einen Gang auf dem Fortepiano. *Sie öffnet den Pantalon.*
*Ferdinand gibt ihr keine Antwort. Pause.*
**Louise.** Sie sind mir auch noch Revanche auf dem Schachbrett schuldig. Wollen wir eine Partie Herr von Walter?
*Eine neue Pause.*
**Louise.** Herr von Walter, die Brieftasche, die ich Ihnen einmal zu sticken versprochen – Ich habe sie angefangen – Wollen Sie das Dessin nicht besehen?
*Wieder eine Pause.*
**Louise.** O ich bin sehr elend!
**Ferdinand** *in der bisherigen Stellung.* Das könnte wahr sein.
**Louise.** Meine Schuld ist es nicht, Herr von Walter, dass Sie so schlecht unterhalten werden.
**Ferdinand** *lacht beleidigend vor sich hin.* Denn was kannst du für meine blöde Bescheidenheit?
**Louise.** Ich hab es ja wohl gewusst, dass wir jetzt nicht zusammen taugen. Ich erschrak auch gleich, ich bekenne es, als Sie meinen Vater verschickten – Herr von

*das Gesicht auf den Boden geschlagen* den Blick zum Boden gerichtet

*akkompagnieren* (frz.) begleiten; hier: auf der Flöte

*mach ich einen Gang* spiele ich ein Musikstück

*Fortepiano* Pianoforte, Klavier

*Pantalon* Vorläufer des modernen Hammerklaviers, benannt nach seinem Erfinder

*Dessin* (frz.) Entwurf, Muster; hier: Stickmuster

*blöde* hier: schüchterne

*verschickten* fortschickten, wegschickten

Walter, ich vermute, dieser Augenblick wird uns beiden gleich unerträglich sein – Wenn Sie mir's erlauben wollen, so geh ich, und bitte einige von meinen Bekannten her.

**Ferdinand.** O ja doch, das tu. Ich will auch gleich gehn, und von den meinigen bitten.

**Louise** *sieht ihn stutzend an.* Herr von Walter?

**Ferdinand** *sehr hämisch.* Bei meiner Ehre! der gescheiteste Einfall, den ein Mensch in dieser Lage nur haben kann. Wir machen aus diesem verdrüßlichen Duett eine Lustbarkeit, und rächen uns mit Hilfe gewisser Galanterien an den Grillen der Liebe.

*Galanterien* hier: erotische Abenteuer, Liebeshändel

*Grillen* Launen

**Louise.** Sie sind aufgeräumt, Herr von Walter?

**Ferdinand.** Ganz außerordentlich, um die Knaben auf dem Markt hinter mir herzujagen! Nein! in Wahrheit Louise. Dein Beispiel bekehrt mich – Du sollst meine Lehrerin sein. Toren sind's, die von ewiger Liebe schwatzen, ewiges Einerlei widersteht, Veränderung nur ist das Salz des Vergnügens – Topp Louise! Ich bin dabei – Wir hüpfen von Roman zu Romane, wälzen uns von Schlamme zu Schlamm – Du dahin – Ich dorthin – Vielleicht, dass meine verlorene Ruhe sich in einem Bordell wiederfinden lässt – Vielleicht, dass wir dann nach dem lustigen Wettlauf, zwei modernde Gerippe, mit der angenehmsten Überraschung von der Welt zum zweiten Mal aufeinanderstoßen, dass wir uns da an dem gemeinschaftlichen Familienzug, den kein Kind dieser Mutter verleugnet, wie in Komödien wiedererkennen, dass Ekel und Scham noch eine Harmonie veranstalten, die der zärtlichsten Liebe unmöglich gewesen ist.

*von Roman zu Romane* hier: von einem Liebesabenteuer zum nächsten

*gemeinschaftlichen Familienzug* → Seite 148

*Kind dieser Mutter* Anhänger eines solchen Lebenswandels

**Louise.** O Jüngling! Jüngling! Unglücklich bist du schon, willst du es auch noch verdienen?

**Ferdinand** *ergrimmt durch die Zähne murmelnd.* Unglücklich bin ich? Wer hat dir das gesagt? Weib, du bist zu schlecht, um selbst zu empfinden – womit kannst du eines andern Empfindungen wägen? – Unglücklich, sagte sie? – Ha! dieses Wort könnte meine Wut aus dem Grabe rufen! – Unglücklich musst ich werden, das wusste sie. Tod und Verdammnis! das wusste sie, und hat mich dennoch verraten – Siehe Schlange! Das war der einzige Fleck der Vergebung – Deine Aussage bricht dir den Hals – Bis jetzt konnt ich deinen Frevel mit deiner Einfalt beschönigen, in meiner Verachtung wärst du beinahe meiner Rache entsprungen. *Indem er hastig das Glas ergreift.* Also leichtsinnig warst du nicht – dumm warst du nicht – du warst nur ein Teufel. *Er trinkt.* Die Limonade ist matt, wie deine Seele – Versuche!

*Fleck* Stelle; hier: Möglichkeit

*matt* abgestanden, wässrig

**Louise.** O Himmel! Nicht umsonst hab ich diesen Auftritt gefürchtet.

**Ferdinand** *gebieterisch.* Versuche!

**Louise** *nimmt das Glas etwas unwillig und trinkt.*

**Ferdinand** *wendet sich, sobald sie das Glas an den Mund setzt, mit einer plötzlichen Erblassung weg, und eilt nach dem hintersten Winkel des Zimmers.*

**Louise.** Die Limonade ist gut.

**Ferdinand** *ohne sich umzukehren, von Schauer geschüttelt.* Wohl bekomm's!

**Louise** *nachdem sie es niedergesetzt.* O wenn Sie wüssten, Walter, wie ungeheuer Sie meine Seele beleidigen.

**Ferdinand.** Hum!

**Louise.** Es wird eine Zeit kommen, Walter –

**Ferdinand** *wieder vorwärts kommend.* O! mit der Zeit wären wir fertig.

*vorwärts kommend* nach vorne (in den Vordergrund der Bühne) kommend

**Louise.** Wo der heutige Abend schwer auf Ihr Herz fallen dürfte –

**Ferdinand** *fängt an stärker zu gehen, und beunruhigter zu werden, indem er Schärpe und Degen von sich wirft.* Gute Nacht, Herrendienst!

*Schärpe* Leibbinde; Dienstabzeichen des Offiziers

*Herrendienst* Dienst als Soldat des Herzogs

**Louise.** Mein Gott! Wie wird Ihnen?

**Ferdinand.** Heiß und enge – will mir's bequemer machen.

**Louise.** Trinken Sie! Trinken Sie! Der Trank wird Sie kühlen.

**Ferdinand.** Das wird er auch ganz gewiss – Die Metze ist gutherzig, doch! das sind alle!

**Louise** *mit dem vollen Ausdruck der Liebe ihm in die Arme eilend.* Das deiner Louise, Ferdinand?

**Ferdinand** *drückt sie von sich.* Fort! Fort! Diese sanfte schmelzende Augen weg! Ich erliege. Komm in deiner ungeheuren Furchtbarkeit, Schlange, spring an mir auf, Wurm – krame vor mir deine grässliche Knoten aus, bäume deine Wirbel zum Himmel – So abscheulich als dich jemals der Abgrund sah – Nur keinen Engel mehr – Nur jetzt keinen Engel mehr – es ist zu spät – Ich muss dich zertreten, wie eine Natter, oder verzweifeln – Erbarme dich!

**Louise.** O! Dass es so weit kommen musste!

**Ferdinand** *sie von der Seite betrachtend.* Dieses schöne Werk des himmlischen Bildners – Wer kann das glauben? – Wer sollte das glauben? *Ihre Hand fassend und emporhaltend.* Ich will dich nicht zur Rede stellen, Gott Schöpfer – aber warum denn dein Gift in so schönen Gefäßen? – – Kann das Laster in diesem milden Himmelsstrich fortkommen? – O es ist seltsam.

*des himmlischen Bildners* Gottes

*fortkommen* existieren, gedeihen

**Louise.** Das anzuhören, und schweigen zu müssen!

**Ferdinand.** Und die süße melodische Stimme – Wie kann so viel Wohlklang kommen aus zerrissenen Saiten? *Mit trunkenem Aug auf ihrem Anblick verweilend.* Alles so schön – so voll Ebenmaß – so göttlich vollkommen! –

Überall das Werk seiner himmlischen Schäferstunde! Bei Gott! als wäre die große Welt nur entstanden, den Schöpfer für dieses Meisterstück in Laune zu setzen! – – Und nur in der Seele sollte Gott sich vergriffen haben? Ist es möglich, dass diese empörende Missgeburt in die Natur ohne Tadel kam? *Indem er sie schnell verlässt.* Oder sah er einen Engel unter dem Meißel hervorgehen, und half diesem Irrtum in der Eile mit einem desto schlechteren Herzen ab?

*Schäferstunde* Glücks- bzw. Liebesstunde

**Louise.** O des frevelhaften Eigensinns! Ehe er sich eine Übereilung gestände, greift er lieber den Himmel an.

**Ferdinand** *stürzt ihr heftig weinend an den Hals.* Noch einmal Louise – Noch einmal, wie am Tag unsers ersten Kusses, da du Ferdinand stammeltest, und das erste Du auf deine brennende Lippen trat – O eine Saat unendlicher unaussprechlicher Freuden schien in dem Augenblick wie in der Knospe zu liegen – Da lag die Ewigkeit wie ein schöner Maitag vor unsern Augen; goldne Jahrtausende hüpften, wie Bräute, vor unsrer Seele vorbei – – Da war ich der Glückliche! – O Louise! Louise! Louise! Warum hast du mir das getan?

**Louise.** Weinen Sie, weinen Sie Walter. Ihre Wehmut wird gerechter gegen mich sein, als Ihre Entrüstung.

**Ferdinand.** Du betrügst dich. Das sind ihre Tränen nicht – Nicht jener warme wollüstige Tau, der in die Wunde der Seele balsamisch fließt, und das starre Rad der Empfindung wieder in Gang bringt. Es sind einzelne – kalte Tropfen – das schauerliche ewige Lebewohl meiner Liebe. *Furchtbar-feierlich, indem er die Hand auf ihren Kopf sinken lässt.* Tränen um deine Seele, Louise – Tränen um die Gottheit, die ihres unendlichen Wohlwollens hier verfehlte, die so mutwillig um das herrlichste ihrer Werke kommt – O mich deucht, die ganze Schöpfung sollte den

*Flor* Trauerflor; schwarze Armbinde zum Zeichen der Trauer

*Gemeines* Alltägliches, Gewöhnliches

*so gut wie eine* die der anderer (starker) Frauen in nichts nachsteht

Flor anlegen, und über das Beispiel betreten sein, das in ihrer Mitte geschieht – Es ist was Gemeines, dass Menschen fallen, und Paradiese verloren werden; aber wenn die Pest unter Engel wütet, so rufe man Trauer aus durch die ganze Natur.

**Louise.** Treiben Sie mich nicht aufs Äußerste, Walter. Ich habe Seelenstärke so gut wie eine – aber sie muss auf eine menschliche Probe kommen. Walter, das Wort noch, und dann geschieden – – Ein entsetzliches Schicksal hat die Sprache unsrer Herzen verwirrt. Dürft ich den Mund auftun, Walter, ich könnte dir Dinge sagen – ich könnte – – aber das harte Verhängnis band meine Zunge, wie meine Liebe, und dulden muss ich's, wenn du mich wie eine gemeine Metze misshandelst.

**Ferdinand.** Fühlst du dich wohl, Louise?

**Louise.** Wozu diese Frage?

**Ferdinand.** Sonst sollte mir's leid um dich tun, wenn du mit dieser Lüge von hinnen müsstest.

**Louise.** Ich beschwöre Sie Walter –

**Ferdinand** *unter heftigen Bewegungen.* Nein! Nein! zu satanisch wäre diese Rache! Nein, Gott bewahre mich! in j e n e Welt hinaus will ich's nicht treiben – Louise! Hast du den Marschall geliebt? Du wirst nicht mehr aus diesem Zimmer gehen.

**Louise.** Fragen Sie was Sie wollen. Ich antworte nichts mehr. *Sie setzt sich nieder.*

**Ferdinand** *ernster.* Sorge für deine unsterbliche Seele, Louise! – Hast du den Marschall geliebt? Du wirst nicht mehr aus diesem Zimmer gehen.

**Louise.** Ich antworte nichts mehr.

**Ferdinand** *fällt in fürchterlicher Bewegung vor ihr nieder.* Louise! Hast du den Marschall geliebt? Ehe dieses Licht noch ausbrennt – stehst du – vor Gott!

**Louise** *fährt erschrocken in die Höhe.* Jesus! Was ist das? – – – und mir wird sehr übel. *Sie sinkt auf den Sessel zurück.*

**Ferdinand.** Schon? – Über euch Weiber und das ewige Rätsel! Die zärtliche Nerve hält Freveln fest, die die Menschheit an ihren Wurzeln zernagen; ein elender Gran Arsenik wirft sie um –

*Die zärtliche Nerve … zernagen* Die zarten Nerven halten unmenschlichen Freveltaten stand

*Arsenik* sehr starkes Gift

**Louise.** Gift! Gift! O mein Herrgott!

**Ferdinand.** So fürcht ich. Deine Limonade war in der Hölle gewürzt. Du hast sie dem Tod zugetrunken.

**Louise.** Sterben! Sterben! Gott Allbarmherziger! Gift in der Limonade und sterben! – O meiner Seele erbarme dich Gott der Erbarmer!

**Ferdinand.** Das ist die Hauptsache. Ich bitt ihn auch darum.

**Louise.** Und meine Mutter – mein Vater – Heiland der Welt! mein armer verlorener Vater! Ist keine Rettung mehr? Mein junges Leben und keine Rettung! und muss ich jetzt schon dahin?

**Ferdinand.** Keine Rettung, musst jetzt schon dahin – aber sei ruhig. Wir machen die Reise zusammen.

**Louise.** Ferdinand auch du! Gift Ferdinand! Von dir? O Gott vergiss es ihm – Gott der Gnade, nimm die Sünde von ihm –

*vergiss es ihm* vergib es ihm

**Ferdinand.** Sieh du nach deinen Rechnungen – Ich fürchte, sie stehen übel.

**Louise.** Ferdinand! Ferdinand! – O – Nun kann ich nicht mehr schweigen – der Tod – der Tod hebt alle Eide auf – Ferdinand – Himmel und Erde hat nichts Unglückseligers als dich – Ich sterbe unschuldig, Ferdinand.

**Ferdinand** *erschrocken.* Was sagt sie da? – Eine Lüge pflegt man doch sonst nicht auf diese Reise zu nehmen?

**Louise.** Ich lüge nicht – lüge nicht – hab nur einmal gelogen mein Leben lang – Huh! Wie das eiskalt durch meine

Adern schauert – – als ich den Brief schrieb an den Hofmarschall –

**Ferdinand.** Ha! dieser Brief! – Gottlob! Jetzt hab ich all meine Mannheit wieder.

**Louise** *ihre Zunge wird schwerer, ihre Finger fangen an gichterisch zu zucken.* Dieser Brief – Fasse dich, ein entsetzliches Wort zu hören – Meine Hand schrieb, was mein Herz verdammte – dein Vater hat ihn diktiert.

**Ferdinand** *starr und einer Bildsäule gleich, in langer toter Pause hingewurzelt, fällt endlich wie von einem Donnerschlag nieder.*

**Louise.** O des kläglichen Missverstands – Ferdinand – Man zwang mich – vergib – deine Louise hätte den Tod vorgezogen – aber mein Vater – die Gefahr – sie machten es listig.

**Ferdinand** *schrecklich emporgeworfen.* Gelobet sei Gott! Noch spür ich den Gift nicht. *Er reißt den Degen heraus.*

**Louise** *von Schwäche zu Schwäche sinkend.* Weh! Was beginnst du? Es ist dein Vater –

**Ferdinand** *im Ausdruck der unbändigsten Wut.* Mörder und Mördervater! – Mit muss er, dass der Richter der Welt nur gegen den Schuldigen rase. *Will hinaus.*

**Louise.** Sterbend vergab mein Erlöser – Heil über dich und ihn. *Sie stirbt.*

**Ferdinand** *kehrt schnell um, wird ihre letzte sterbende Bewegung gewahr und fällt in Schmerz aufgelöst vor der Toten nieder.* Halt! Halt! Entspringe mir nicht Engel des Himmels! *Er fasst ihre Hand an, und lässt sie schnell wieder fallen.* Kalt, kalt und feucht! Ihre Seele ist dahin. *Er springt wieder auf.* Gott meiner Louise! Gnade! Gnade dem Verruchtesten der Mörder! Es war ihr letztes Gebet! – – Wie reizend und schön auch im Leichnam! Der gerührte Würger ging schonend über diese freundliche

*gichterisch* krampfartig, krampfhaft

*in langer toter Pause hingewurzelt* steht eine lange, totenstille Pause wie angewurzelt da

*O des kläglichen Missverstands* O welch ein beklagenswertes Missverständnis

*emporgeworfen* aufgebäumt, aufgerichtet

*Würger* der Tod

Wangen hin – Diese Sanftmut war keine Larve – sie hat auch dem Tod standgehalten. *Nach einer Pause.* Aber wie? Warum fühl ich nichts? Will die Kraft meiner Jugend mich retten? Undankbare Mühe! Das ist meine Meinung nicht. *Er greift nach dem Glase.*

*Larve* Maske

## Letzte Szene

**Ferdinand.** *Der* **Präsident. Wurm** *und* **Bediente** *welche alle voll Schrecken ins Zimmer stürzen, darauf* **Miller** *mit* **Volk** *und* **Gerichtsdienern,** *welche sich im Hintergrund sammeln.*

**Präsident** *den Brief in der Hand.* Sohn, was ist das? – Ich will doch nimmermehr glauben –

**Ferdinand** *wirft ihm das Glas vor die Füße.* So sieh Mörder!

**Präsident** *taumelt hinter sich. Alle erstarren. Eine schröckhafte Pause.* Mein Sohn! Warum hast du mir das getan?

*das getan* das angetan

**Ferdinand** *ohne ihn anzusehen.* O ja freilich! Ich hätte den Staatsmann erst hören sollen, ob der Streich auch zu seinen Karten passe? – Fein und bewundernswert, ich gesteh's, war die Finte, den Bund unsrer Herzen zu zerreißen durch Eifersucht – Die Rechnung hatte ein Meister gemacht, aber schade nur, dass die zürnende L i e b e dem Draht nicht so gehorsam blieb, wie deine hölzerne Puppe.

*Finte* List, Kunstgriff

*deine hölzerne Puppe* gemeint ist der Hofmarschall

**Präsident** *sucht mit verdrehten Augen im ganzen Kreis herum.* Ist hier niemand, der um einen trostlosen Vater weinte?

**Miller** *hinter der Szene rufend.* Lasst mich hinein! Um Gottes willen! Lasst mich!

**Ferdinand.** Das Mädchen ist eine Heilige – für s i e muss ein anderer rechten. *Er öffnet Millern die Türe, der mit Volk und Gerichtsdienern hereinstürzt.*

*für sie … rechten.* Über sie steht nur Gott ein Urteil zu.

**Miller** *in der fürchterlichsten Angst.* Mein Kind! Mein Kind! – Gift – Gift, schreit man, sei hier genommen worden – Meine Tochter! Wo bist du?

**Ferdinand** *führt ihn zwischen den Präsidenten und Louisens Leiche.* Ich bin unschuldig – Danke diesem hier.

**Miller** *fällt an ihr zu Boden.* O Jesus!

**Ferdinand.** In wenig Worten Vater – sie fangen an mir kostbar zu werden – Ich bin bübisch um mein Leben bestohlen, bestohlen durch Sie. Wie ich mit Gott stehe, zittre ich – doch ein Bösewicht bin ich niemals gewesen. Mein ewiges Los falle, wie es will – auf Sie fall es nicht – Aber ich hab einen Mord begangen *mit furchtbar erhobener Stimme* einen Mord, den Du mir nicht zumuten wirst allein vor den Richter der Welt hinzuschleppen, feierlich wälz ich dir hier die größte, grässlichste Hälfte zu, wie du damit zurechtkommen magst, siehe du selber. *Zu Louisen ihn hinführend.* Hier Barbar! weide dich an der entsetzlichen Frucht deines Witzes, auf dieses Gesicht ist mit Verzerrungen Dein Name geschrieben, und die Würgengel werden ihn lesen – Eine Gestalt, wie diese, ziehe den Vorhang von deinem Bette, wenn du schläfst, und gebe dir ihre eiskalte Hand – Eine Gestalt, wie diese, stehe vor deiner Seele, wenn du stirbst, und dränge dein letztes Gebet weg. – Eine Gestalt, wie diese, stehe auf deinem Grabe, wenn du auferstehst – und neben Gott, wenn er dich richtet. *Er wird ohnmächtig, Bediente halten ihn.*

*bübisch* hinterlistig

*Würgengel* Todesengel

**Präsident** *eine schreckliche Bewegung des Arms gegen den Himmel.* Von mir nicht, von mir nicht, Richter der Welt, fodre diese Seelen von Diesem! *Er geht auf Wurm zu.*

**Wurm** *auffahrend.* Von Mir?

**Präsident.** Verfluchter von Dir! Von Dir Satan! – Du, du gabst den Schlangenrat – Über Dich die Verantwortung – Ich wasche die Hände.

*Schlangenrat* → Seite 148

*Ich wasche die Hände* → Seite 148

**Wurm.** Über mich? *Er fängt grässlich an zu lachen.* Lustig! Lustig! So weiß ich doch nun auch, auf was Art sich die Teufel danken. – Über mich dummer Bösewicht? War es mein Sohn? War ich dein Gebieter? – Über mich die Verantwortung? Ha! bei diesem Anblick, der alles Mark in meinen Gebeinen erkältet! Über mich soll sie kommen! – Jetzt will ich verloren sein, aber Du sollst es mit mir sein – Auf! Auf! Ruft Mord durch die Gassen! Weckt die Justiz auf! Gerichtsdiener bindet mich! Führt mich von hinnen! Ich will Geheimnisse aufdecken, dass denen, die sie hören, die Haut schauern soll. *Will gehn.*

*auf was Art* auf was für eine Art und Weise

*erkältet* erstarren lässt

**Präsident** *hält ihn.* Du wirst doch nicht, Rasender?

**Wurm** *klopft ihn auf die Schultern.* Ich werde, Kamerad! Ich werde – Rasend bin ich, das ist wahr – das ist dein Werk – so will ich auch jetzt handeln wie ein Rasender – Arm in Arm mit Dir zum Blutgerüst! Arm in Arm mit Dir zur Hölle! Es soll mich kitzeln, Bube, mit Dir verdammt zu sein. *Er wird abgeführt.*

*kitzeln* erfreuen

**Miller** *der die ganze Zeit über, den Kopf in Louisens Schoß gesunken, in stummem Schmerze gelegen hat, steht schnell auf und wirft dem Major die Börse vor die Füße.* Giftmischer! Behalt dein verfluchtes Gold! – Wolltest du mir mein Kind damit abkaufen? *Er stürzt aus dem Zimmer.*

**Ferdinand** *mit brechender Stimme.* Geht ihm nach! Er verzweifelt – Das Geld hier soll man ihm retten – Es ist meine fürchterliche Erkenntlichkeit Louise – Louise – Ich komme – – Lebt wohl – – Lasst mich an diesem Altar verscheiden –

*meine fürchterliche Erkenntlichkeit* mein schrecklicher Dank

**Präsident** *aus einer dumpfen Betäubung, zu seinem Sohn.* Sohn Ferdinand! Soll kein Blick mehr auf einen zerschmetterten Vater fallen? *Der Major wird neben Louisen niedergelassen.*

**Ferdinand.** Gott dem Erbarmenden gehört dieser letzte.

**Präsident** *in der schrecklichsten Qual vor ihm niederfallend.* Geschöpf und Schöpfer verlassen mich – Soll kein Blick mehr zu meiner letzten Erquickung fallen?

**Ferdinand** *reicht ihm seine sterbende Hand.*

**Präsident** *steht schnell auf.* Er vergab mir! *Zu den andern.* Jetzt euer Gefangener!

*Er geht ab, Gerichtsdiener folgen ihm, der Vorhang fällt.*

Arthur Georg von Ramberg (1819–1875): »Luise Miller«.
Zeichnung zu »Kabale und Liebe«, entstanden um 1859, gestochen von Conrad Geyer (1816–1893). In: Friedrich Pecht: Schiller-Galerie. Charaktere aus Schiller's Werken, gezeichnet von Friedrich Pecht und Arthur von Ramberg. Funfzig Blätter in Stahlstich mit erläuterndem Text von Friedrich Pecht. Leipzig: F. A. Brockhaus 1859.

Arthur Georg von Ramberg (1819–1875): »Ferdinand«.
Zeichnung zu »Kabale und Liebe«, entstanden um 1859, gestochen von Conrad Geyer (1816–1893). In: Friedrich Pecht: Schiller-Galerie. Charaktere aus Schiller's Werken, gezeichnet von Friedrich Pecht und Arthur von Ramberg. Funfzig Blätter in Stahlstich mit erläuterndem Text von Friedrich Pecht. Leipzig: F. A. Brockhaus 1859.

## Zur Textgestalt

Im Oktober 1782, kurz nach seiner Flucht aus Württemberg (vgl. S. 151), begann Friedrich Schiller in Oggersheim, wo er zusammen mit Andreas Streicher untergekommen war, an einem hof- und fürstenkritischen Gegenwartsdrama zu arbeiten, dessen Titel zunächst nach der weiblichen Hauptfigur »Louise Millerin« lauten sollte. Anfang Dezember nahm er die Einladung Henriettes Freifrau von Wolzogen, der Mutter eines seiner ehemaligen Mitschüler auf der Hohen Karlsschule, an, für einige Zeit auf einem Gutshof der Familie im thüringischen Bauerbach zu wohnen, um sich vor dem Zugriff des über Schillers Ungehorsam und Desertion aufgebrachten württembergischen Herzogs in Sicherheit zu bringen. In Bauerbach verbrachte Schiller – unter dem Pseudonym »Dr. Ritter« – ein gutes halbes Jahr. In dieser Zeit stellte er sein Stück fertig. Anschließend ging er zurück nach Mannheim, wo er einen einjährigen Vertrag als Theaterdichter erhielt. Im Winter 1783 auf 1784 verlieh er dem Drama den Feinschliff. Im Februar 1784 gab er es in Druck. Gewissermaßen in letzter Minute änderte er, offenbar einem Vorschlag des Schauspielers August Wilhelm Iffland folgend (der in Schillers aufsehenerregendem Erstling »Die Räuber« als Franz Moor geglänzt hatte und in dem neuen Stück die Rolle des intriganten Sekretärs Wurm übernahm), den Titel in »Kabale und Liebe«. Mitte März lag das Werk gedruckt vor. Einen Monat später hatte das Stück Premiere, und zwar gleich an zwei Theatern, in Frankfurt (am 13.) und in Mannheim (am 15.). Mit Rücksicht auf Zensur und Publikumsgeschmack hatte Schiller für die Mannheimer Aufführung eine Theaterfassung seines Dramas hergestellt, die für Germanisten ebenfalls einen interessanten Forschungsgegenstand darstellt. Schillers wahre Absichten gibt aber die Buchfassung wieder.

Die vorliegende Ausgabe beruht entsprechend auf der Buchfassung des Dramas, auf der in Mannheim beim Verleger und Buchhändler

Schwan erschienenen Erstausgabe vom Frühjahr 1784. Die Rechtschreibung ist an den heutigen Stand angepasst. So wird aus aus »Kaffe« »Kaffee«, aus »Geschwäz« »Geschwätz«, aus »Profeßion« »Profession«, aus »rafst« »raffst«, aus »Fus« »Fuß«, aus »kukt« »kuckt«, aus »Sak« »Sack«, aus »Teufels Gezeug« »Teufelsgezeug«, aus »wakern« »wackern«, aus »Heerd« »Herd«, aus »vermaledeyten« »vermaledeiten«, aus »Tausend Sa Sa« »Tausendsassa« oder aus »Thür« »Tür«, um nur einige Beispiele (alle aus der ersten Szene des ersten Akts) zu nennen.

Zeichensetzung und Lautstand blieben jedoch unangetastet, wie es mittlerweile bei Neuausgaben älterer Werke üblich ist. So sind Formen wie »Heurat« oder »heuratete« (S. 29 und 27), »laurenden« (S. 28), »sandigten« (V. 68), »Ahndung« (S. 17), »verdrüßlich« (S. 31), »flohe« (S. 41), »verstund« (S. 56), »sprützt« (S. 23), »kützeln« (S. 110), »schröcklicher« (S. 104), »teutscher« (S. 29), »Edeln«, »Mauren« (beide S. 70) und »fodern« (S. 52), »aufgefodert« (S. 40), »überfodert« (S. 76; vgl. aber auch »fordre« auf S. 119) unverändert aus dem Originaltext übernommen. Auch wurde darauf verzichtet, die vereinzelten Stellen, die aus heutiger Sicht grammatische Inkongruenzen aufweisen (vgl. etwa S. 27, Z. 30, S. 68, Z. 7 f. und S. 71, Z. 3), an die aktuellen Regeln anzugleichen, da diese Stellen den Lesefluss und die Verständlichkeit des Dramentexts nicht beeinträchtigen.

Dass einzelne Wörter oder Wendungen mit besonderer Bedeutung gesprochen werden sollen, hat Schiller durch gesperrte Schrift sowie, wenn auch weniger häufig, durch Großschreibung (vgl. etwa S. 17, Z. 3, S. 46, Z. 8, oder S. 103, Z. 25) angezeigt. Manchmal sind auch beide Mittel kombiniert (vgl. S. 85, Z. 29, S. 113, Z. 1, S. 130, Z. 29 und 32, sowie S. 131, Z. 16 und 17). Fremdsprachliche – vor allem französische – Ausdrücke, wie sie für die affektierte Redeweise des Hofmarschalls von Kalb charakterstisch sind (vgl. etwa S. 22 f. und S. 61–67), sind in der Erstausgabe des Stückes durch eine andere Schriftart betont. All diese Hervorhebungen sind originalgetreu in die vorliegende Ausgabe übernommen worden.

# Erläuterungen

**S. 4 Favoritin** begünstigte Hofdame, Geliebte des Fürsten
**Haussekretär** Privatsekretär
**Kammerjungfer** Kammer- bzw. Zimmermädchen, das in Diensten einer hochgestellten Dame des Hofes steht
**S. 5 Anmerkungen zu den Zeilen 13–26:**
**Handel** (unangenehme) Angelegenheit
**ich biete dem Junker aus** ich verbiete dem Junker den Zutritt zu meinem Haus
**Junker** im 18. Jahrhundert: Sohn eines adligen Herrn
**koram nehmen** (von lat. ›coram‹: ›öffentlich‹) zur Rede stellen, zurechtweisen
**auftrumpfen** deutlich die Meinung sagen
**stecken** ›zustecken‹, verraten
**bringt's mit einem Wischer hinaus** bringt es mit einem Verweis hinter sich, kommt mit einem blauen Auge davon
**Wetter** hier: Unwetter im Sinne von Unglück
**S. 5 Anmerkungen zu den Zeilen 27–33:**
**Possen** Unfug, Unsinn
**Profession** Beruf
**Scholaren** (lat.) Schüler; hier: Millers Musikschüler
**Kommerz** Handel, Umgang, Verkehr
**Nehmen** hier: heiraten, zur Frau nehmen
**S. 6 Anmerkungen zu den Zeilen 1–12:**
**Gelt** nicht wahr, gell (süddeutsch)
**ein Musje von** ein Herr von, ein adliger Herr. ›Musje‹ ist eine Verballhornung des französischen Wortes ›Monsieur‹ (›Herr‹).
**herumbeholfen** Liebesabenteuer gehabt
**als** (schwäbisch) hier: alles
**gelös't** hier: eingehandelt
**guten Schlucker** eifrigen Konsumenten; gemeint ist Ferdinand

**süß Wasser** frisches, klares Wasser; Anspielung auf Louises Reinheit und Unschuld
**Schildwache** mittelalterlicher Ausdruck für Wache in voller Rüstung (mit Schild)
**auf der Nase** direkt vor den Augen
**dem Mädel eins hinsetzen** das Mädchen schwängern
**führt sich ab** macht sich aus dem Staub, macht sich davon
**verschimpfiert** entehrt, verrufen
**hat's Handwerk verschmeckt** hat an der Sache Gefallen gefunden

**S. 6 Anmerkungen zu den Zeilen 14–24:**
**Windfuß** leichtsinniger, windiger Bursche
**Absehen** Absicht
**führt seinen netten Fuß** hat einen schönen Gang
**Unterm Dach** im ›Oberstübchen‹, im Kopf
**parterre** (frz.) zu ebener Erde; hier anzüglich für den Rest des Körpers; gemeint ist: wenn der Körper wohlgeformt ist
**Springinsfeld** leichtsinniger Kerl
**Rodney** Hund Millers; benannt nach dem englischen Admiral Georges Brydges Rodney (1718–1792), der 1780 und 1782 bedeutende Siege über die französische Flotte errang
**ich verdenk's ihm gar nicht** ich nehme es ihm gar nicht übel

**S. 6 Anmerkungen zu den Zeilen 25–33:**
**Billetter** Eindeutschung aus dem Französischen: kleine Briefe, Liebesbriefchen
**als** (schwäbisch) hier: immer
**pur** (lat.) rein; gemeint ist: ausschließlich, einzig und allein
**topp machen** sich einigen, einwilligen, einverstanden sind

**S. 7 Anmerkungen zu den Zeilen 1–15:**
**nehmen die Körper ein Exempel** nehmen sich die Körper daran ein Beispiel
**das Gesind** die Dienerschaft
**der silberne Mond** Anspielung auf die Liebeslyrik der Empfindsamkeit

**Kuppler** »eine Person, welche eine unerlaubte fleischliche Vermischung zwischen Personen zweierlei Geschlechtes zu stiften sucht« (Johann Christoph Adelung: Grammatisch-kritisches Wörterbuch der Hochdeutschen Mundart, 1774–1786)
**Du hast den Witz davon.** ironisch: Du hast es erfasst.
**rohe Kraftbrühen der Natur** Gemeint ist Louises natürliches, unverfälschtes Wesen.
**Makronenmagen** Magen, der nur an ausgefallene bzw. besondere Speisen gewöhnt ist
**Pestilenzküche** Pestküche
**Bellatristen** (frz.) eigentl. ›Belletristen‹; hier: Verfasser von schöngeistiger Literatur bzw. Unterhaltungsliteratur
**als für** hier: alles für
**Alfanzereien** Albernheiten, Dummheiten, Truggebilde
**spanische Mucken** spanische Fliegen; damals als sexuelles Reizmittel verwendet
**so so noch** gerade noch so, einigermaßen

**S. 7 Anmerkungen zu den Zeilen 17–32:**
**Teufelsgezeug** Teufelszeug
**Schlaraffenwelt** Schlaraffenland; Ort aus dem Märchen, in dem alles im Überfluss vorhanden ist
**verschlägt mir … einen** vertreibt mir einen, bringt mich um einen
**Gleich muss die Pastete auf den Herd** Die Sache muss sofort erledigt werden
**das Loch** hier: die Tür
**Groschen** deutsche Silbermünze von geringem Wert
**Präsenter** Geschenke
**Blutgeld** Sühnegeld, das der Täter an die Familie seines Opfers zahlt, damit sie darauf verzichtet, Blutrache an ihm zu üben; hier eine Anspielung auf die mögliche Entjungferung der Tochter
**Schier dich** Scher dich
**infame** ehrlose
**Eh** Eher

**auf den Bettel herumziehen** betteln gehen
**was Warmes** eine warme Mahlzeit

**S. 8 Anmerkungen zu den Zeilen 1–21:**

**Sonanzboden** Resonanzboden (hier: des Cellos)
**vermaledeiten** verfluchten, verwünschten
**Kaffee ... Tobakschnupfen** Kaffee und Tabak waren im 18. Jahrhundert hoch besteuerte Luxusgüter.
**vertrackter** hier: verfluchter
**Tausendsassa** vielseitig begabter und wohl auch etwas leichtfertiger Mensch; hier im Sinne von: Schwerenöter, Frauenheld
**geschmeckt hat** (schwäbisch) eingedrungen ist
**disguschtüren** schwäbische Verballhornung von ›disgustieren‹ (vgl. frz. ›dégoûter‹: ›ablehnen, abstoßen‹); hier: vor den Kopf stoßen
**die Sach ... auseinander** das Verhältnis ... beendet werden
**plüschenen Rock** aus Wollsamt gefertigter Gehrock
**schlecht** schlicht, einfach
**basta** (italien./span.) es ist genug

**S. 8 Anmerkungen zu den Zeilen 28–32:**

**Sekertare** Verballhornung von ›Sekretär‹
**Frau Base** Anrede einer guten Bekannten; hier keine Verwandtschaftsbezeichnung
**Kavaliersgnade** gemeint ist der adlige Ferdinand
**einspricht** einkehrt, Besuch macht, vorspricht
**mein bürgerliches Vergnügen** das Vergnügen meines Besuches in meiner Eigenschaft als (bloßer, einfacher) Bürger

**S. 9 Anmerkungen zu den Zeilen 1–18:**

**je und je** zuweilen
**Bläsier** Verballhornung von frz. ›plaisir‹: ›Vergnügen‹
**verdrüßlich** verdrießlich, ärgerlich
**Mamsell** (abgeleitet vom frz. ›mademoiselle‹) Jungfer, unverheiratetes bürgerliches Mädchen
**Mess** Messe, Gottesdienst
**kneipt** kneift, zwickt

**S. 9 Anmerkungen zu den Zeilen 28–32:**

**vor seinem Glück sein** seinem Glück im Weg stehen

**merken** hier: verstehen

**Manschetten** Ärmelaufschlägen

**Jabot** gerüschtes Spitzen- oder Batisttuch am Brustverschluss eines Herrenhemdes, wie es damals Mode war. In der Erstausgabe steht hier ›Chapeau‹, was aber wie ein Versehen wirkt. Daher wird das Wort in fast allen Ausgaben des Stückes durch das ähnlich lautende ›Jabot‹ ersetzt.

**S. 10 Anmerkungen zu den Zeilen 2–17:**

**barrdu** Verballhornung des französischen Adverbs ›partout‹: ›überall, allseits, weit und breit‹; hier: durchaus, unbedingt

**Schmäl** Lästere, tadele

**Geklatsch** Gerede, Geschwätz

**obenaus woll** hoch hinaus wolle, sozial aufsteigen wolle

**S. 10 Anmerkungen zu den Zeilen 23–33:**

**guten Haushälter** jemand, der im privaten Bereich gut zu wirtschaften weiß, der mit seinen (finanziellen) Mitteln auskommt

**gewogen** geneigt, gut gesinnt

**mich höher poussieren** (von frz. ›pousser‹: ›stoßen, schieben‹); hier: höher aufsteigen

**verwichenen** vergangenen

**zum Bescheid gab** mitgeteilt habe

**S. 11 Anmerkungen zu den Zeilen 1–17:**

**Stehen Sie ihr an** Gefallen Sie ihr

**Bouteille** Flasche (Wein)

**schmecken** hier: riechen

**in meinen eisgrauen Tagen** bildlich für: in meinem hohen Alter

**Wildpret** hier: lebendes Wild

**Konsens** Einverständnis, Einwilligung (der Eltern zur Heirat, die die Tochter laut württembergischen Landesrecht benötigte)

**gemünzt** hier: bestimmt

**Wettermaul** Lästermaul

**S. 11 Anmerkungen zu den Zeilen 22–33:**

**Knasterbart** brummiger alter Mann

**spitzig** spitzfindig, kompliziert

**von der Brust weg** frei heraus, offen ausgesprochen

**Sie missrat ich meiner Tochter** von Ihnen rate ich meiner Tochter ab

**Talente** Vorzüge

**S. 12 Anmerkungen zu den Zeilen 1–13:**

**Kanal** hier: Weg. Gemeint ist, dass die Eltern die Vermittlung der potenziellen Eheleute übernehmen.

**Courage** (frz.) Mut

**Hasenfuß** Feigling

**sein Gewerb an** seine Werbung um

**den schwarzen gelben Tod** die Pest

**Gänsekiel** Federkiel, Schreibfeder

**Obligation** (lat.) Verpflichtung; hier ironisch: Ich bin Ihnen verpflichtet, bin Ihnen sehr verbunden.

**S. 12 Anmerkungen zu den Zeilen 17–32:**

**Operment** eigentlich ›Auripigment‹: »eine aus dem Lat. Auripigmentum gebildete Benennung des gelben Arseniks, welche im gemeinen Leben endlich gar in Operment, und im Franz. in Orpiment, Orpin verunstaltet worden« (Adelung); ein starkes Gift

**Federnfuchser** abwertend für einen Beamten, Schreiber

**konfiszierter** verdächtiger; gemeint ist: reif, um konfisziert bzw. ins Gefängnis geworfen zu werden

**Schleichhändler** Schmuggler

**hineingeschachert** hineingeschmuggelt

**für purem Gift** aus reinem Neid, Zorn

**verhunzte** verdorbene

**dir's Maul sauber halten** gemeint ist: dafür sorgen, dass du den Bissen (hier: Louise) nicht bekommst

**pestilenzialischen** verpesteten

**in Harnisch gebracht** redensartlich für: wütend gemacht

**Geträtsch** Gerede, Geschwätz

**S. 13 Anmerkungen zu den Zeilen 1–6:**

**der Alte** der Richtige, der Rechte

**ausgeschellt** ausgerufen, kundgegeben, verkündet

**räsonnieren** nörgeln

**nasenweises** vorlautes

**Matress** Mätresse, Geliebte des Fürsten

**S. 17 Adelbrief** Urkunde, in der der Adelsstand oder die Erhebung in in den Adelsstand dokumentiert wird

**Landeswucher** Ausbeutung des Landes durch übertriebene Steuern und Abgaben, um die kostspielige Hofhaltung des Fürsten zu finanzieren

**S. 19 Skortationsstrafe** (von lat. ›scortum‹: ›Dirne, Hure‹); ursprünglich Geldstrafe für gewerbsmäßige Unzucht; hier: Entschädigungssumme für die Verführung einer Jungfrau (›Kranzgeld‹)

**S. 20 Anmerkungen zu den Zeilen 6–21:**

**Schelmen** Halunken, raffinierten Betrüger

**prellen** hereinlegen

**Pfiff** Pfiffigkeit, Streich

**was verschlägt es denn Ihm** was macht es Ihm denn (aus), was kümmert es Ihn denn

**Karolin** süddeutsche Goldmünze

**Münze** Geldprägestätte

**vom Bankier** aus zweiter Hand, nachdem sie bereits im Umlauf war

**Mariage** (frz.) Ehe, Heirat

**Aufwärter** Diener

**das Paradies des Bräutigams geometrisch ermessen kann** mit dem Körper (bzw. der Vagina) der Braut genauestens vertraut ist

**S. 20 Anmerkungen zu den Zeilen 24–33:**

**mit Nächstem** demnächst, bei nächster Gelegenheit

**heimzugeben** heimzuzahlen

**Anschlag** hier: Plan

**Kabinett** (frz.) kleines Zimmer; hier: Beraterstab des Fürsten, Ministerrat

**auf die Ankunft** bis zur Ankunft

**Springfedern** Triebfedern bzw. Hebel, um den Fürsten zu beherrschen

**Wallungen** Gefühlsregungen, Leidenschaften

**Partie** (gute) Heiratsmöglichkeit

S. 22 **falschen Handschriften** gefälschten Schriftstücke (mit denen Wurm dem Präsidenten offenbar geholfen hat, seinen Vorgänger zu stürzen; vgl. I, 7, III, 2 und V, 8)

**Schröter am Faden** Hirschkäfer, dem Kinder zum grausamen Zeitvertreib einen Faden ums Bein gebunden haben

**Kammerherrnschlüsseln** aufgesticktes Symbol für die Schlüsselgewalt des Kammerherrn, der seinen Dienst als Hofbeamter in der unmittelbaren Umgebung des Fürsten versah

**Chapeau-bas** (frz.) flacher dreieckiger Hut, der, um die Frisur zu schonen, meist unter den linken Arm geklemmt getragen wurde

**à la Hérisson** (frz.: ›nach Igelart‹); Modefrisur mit gepudertem und an den Seiten hochgekräuseltem Haar

**Bisamgeruch** Moschusduft, der seinerzeit in vielen Parfums enthalten war

**Visitenbilletts** (frz.) Karten, mit denen Höflichkeitsbesuche angekündigt oder gestattet werden

**Arrangement der Partien** Zusammenstellung der Personengruppen für die einzelnen Schlitten

S. 23 **Merde d'Oye Biber** (frz.) Rock aus langhaarigem, dem Biberpelz ähnelndem Wollstoff in der Modefarbe ›Gänsekot‹

S. 26 **Geheimen Rat** Ein Geheimer Rat war Mitglied des fürstlichen Beraterkreises, der ebenfalls diesen Namen trug.

S. 27 **Schandsäule** Pranger, Schandpfahl, an dem Übeltäter wegen unmoralischen Verhaltens öffentlich zur Schau gestellt wurden

S. 29 **Parole** (frz.) Wort, Spruch; hier: Kennwort, das jeden Tag neu ausgegeben wird, um die Wache passieren zu können

S. 30 **l'Hombretische** Tische, an denen das spanische Kartenspiel

»L'Hombre« gespielt wurde. Schiller war selbst ein leidenschaftlicher »L'Hombre«-Spieler.

**S. 31 Saft von zwei Indien** Saft von exotischen Früchten aus Westindien (den mittelamerikanischen Inseln) und Ostindien (Vorderindien, Hinterindien und der Malaiische Archipel)

**Paradiese aus Wildnissen** Anspielung auf die Vorliebe absolutistischer Fürsten, sich ›inmitten der wilden Natur‹ Lust- und Jagdschlösser errichten zu lassen

**S. 34 siebentausend Landskinder nach Amerika** Der Soldatenhandel deutscher Fürsten mit England während des nordamerikanischen Unabhängigkeitskrieges (1775–1783) brachte die Landesherren bei der empörten Bevölkerung in Misskredit.

**S. 35 Juchhe nach Amerika** leicht abgewandelte Anfangszeile eines volkstümlichen Liedes, das sich auf den Soldatenhandel des hessischen Landgrafen bezieht

**S. 40 Thomas Norfolks** Thomas Howard, der vierte Herzog von Norfolk und Günstling Königin Elisabeths, wurde 1572 im Alter von 34 Jahren wegen des (missglückten) Versuchs, die englische Staatsgefangene Maria Stuart zu befreien, hingerichtet

**die schottische Maria** Maria Stuart (1542–1587), die abgesetzte Königin von Schottland, die Anspruch auf die englische Krone erhob und nach ihrer Flucht nach England von Elisabeth I. eingesperrt worden war

**S. 41 Ihren Herzog nach Hamburg** Der württembergische Herzog Carl Eugen hielt sich 1781 in Hamburg auf; unter seinen Mätressen waren auch Engländerinnen.

**S. 42 Italiens Auswurf** verächtliche Anspielung auf eine übertriebene Wertschätzung italienischer Künstler an deutschen Höfen

**S. 47 Sodom** im Alten Testament erwähnte Stadt, die sich gegen Gott versündigte und deshalb von ihm bestraft wurde (vgl. 1. Mose, 19, 24–28)

**Dintenkleckser** Tintenkleckser, abfällige Bezeichnung für einen Schreiber; gemeint ist Wurm

**Kuppelpelz** eigentlich ein Geschenk für eine erfolgreiche Ehevermittlung

**S. 52 jetzt sind Sie frei** Louise will die Verbindung mit Ferdinand augenblicklich lösen, weil sie durch die Frage seines Vaters in ihrer Ehre verletzt worden ist.

**Sie hatten einmal ein Leben an mich zu fodern** Ich stand bisher in Ihrer, meines Erzeugers, Schuld

**S. 60 Siegelbewahrers** Gemeint ist Präsident von Walter, der als Minister die Staatssiegel des Fürsten in Verwahrung hat und damit die amtlichen Urkunden siegelt.

**armen Schächer** hier: armen Kerl; laut Adelung war »Schächer« eine seinerzeit im Oberdeutschen gebräuchliche Bezeichnung für »Räuber und Mörder«.

**durch ein Nadelöhr jagen** gemeint ist: das Unmögliche möglich machen (vgl. Mt 19, 24)

**peinlicher Anklage** Anklage wegen eines Verbrechens nach der hochnotpeinlichen Gerichtsordnung (also unter Anwendung verschärfter Foltermethoden)

**S. 62 Opera Dido** Die Oper »Didone abbandonata« (1747; »Die verlassene Dido«) von Niccolò Jommelli (1714–1774), der von 1753 bis 1769 Hofkapellmeister in Stuttgart war, wurde mehrfach am Hofe Carl Eugens aufgeführt.

**S. 69 auf dem Rade** grausame Form der Bestrafung, bei der der Verurteilte auf ein Rad gebunden wurde und ihm die Glieder zerschlagen wurden

**S. 83 Über dem Schnupftuch** verschärfte Form des Duells, bei dem die Duellanten mit ausgestrecktem Arm die Enden eines Taschentuchs fassen und auf diese Distanz schießen mussten

**vor den Wall** vor die Stadtmauer (wo Duelle üblicherweise ausgetragen wurden)

**S. 84 Anmerkungen zu den Zeilen 1–13:**

**apportieren** wie ein dressiertes Tier Gegenstände herbeibringen

**aufwarten** dienen

**die ewige Verzweiflung** die Hölle
**der Schmerzenssohn** Bezeichnung für Christus am Kreuz; hier verächtlich und blasphemisch gebraucht
**sechsten Schöpfungstag** ... an dem Gott laut Altem Testament den Menschen schuf (vgl. 1. Mose 1,27)
**Tübinger Buchhändler** Anspielung auf einen berüchtigten Tübinger Buchdrucker, der Nachdrucke von erfolgreichen Büchern anfertigte, ohne den Autoren ein Honorar zu zahlen – eine damals weitverbreitete Praxis
**Unze** kleine Gewichtseinheit
**Bruch** Bruchteil

**S. 84 Anmerkungen zu den Zeilen 21–32:**
**Trebern** Rückstände beim Weinkeltern und Bierbrauen, die oft als Tierfutter verwendet werden
**Hochgericht** Hinrichtungsstätte
**Schlamme** hier: Sündenpfuhl, Sündenschlamm
**die große Polizei der Vorsicht** den großen ›Staatsapparat‹ der göttlichen Vorsehung
**Blindschleichen** schlangenförmige Echsen aus der Familie der Schleichen, die im 18. Jahrhundert für blinde, giftige Schlangen gehalten wurden
**Taranteln** giftige Wolfsspinnenart
**besoldet** bezahlt, entlohnt
**Bicêtre** (frz.) Armenkrankenhaus und Irrenanstalt bei Paris

**S. 92 Anmerkungen zu den Zeilen 10–32:**
**Rubin** roter Edelstein
**scharf wider Eitelkeit eifert** zornig gegen die Eitelkeit zu Felde zieht
**Lose** Hinterlistige, Schelmische
**Promessen** (frz.) Verheißungen, Versprechungen
**Manieren und Welt** Formen des guten Benehmens und richtigen Verhaltens in der großen, aristokratischen Welt
**Läppischer** Alberner
**Bube** junge Mann; aber auch: Schurke, Halunke

**sage Ihrer Jugend für alle Versuchung gut** stehe dafür ein, dass Ihre Jugend keiner Versuchung ausgesetzt sein wird

**Freistätten** Orte, die dem Zugriff der weltlichen Obrigkeit entzogen waren und auch Verbrechern oder Sündern Schutz boten, beispielsweise Kirchen und Klöster

**frechsten Ergötzlichkeit** ausschweifendsten Vergnügungen

**Pest** hier: Laster

**Vergiftung** Ansteckung durch die Sünde

**S. 99 Vauxhall** Ballveranstaltung nach Art der Gartenfeste, wie sie die vornehme Londoner Gesellschaft in den Vauxhall Gardens abhielt

**S. 111 O die Vorsehung ist dabei, wenn Sperlinge fallen** vgl. Mt 10, 29: »Kauft man nicht zwei Sperlinge für einen Groschen? Dennoch fällt keiner von ihnen auf die Erde ohne euren Vater.«

**S. 118 Dreibatzenplatz** billigster Sitzplatz im Theater, unter Anspielung auf den (geringen) Wert einer Münze, die nach dem aufgeprägten Bären (›Batzen‹) des Berner Wappens benannt wurde

**S. 119 Kidebarri** Cul de Paris; Kissen, das auf Höhe der Taille unter dem Damenrock befestigt wurde, um diesen modisch aufzubauschen

**S. 122 gemeinschaftlichen Familienzug** Gemeint ist die Geschlechtskrankheit, mit der sich beide im Verlauf ihres ausschweifenden Liebeslebens anstecken werden.

**S. 130 Schlangenrat** hinterhältigen, Unglück bringenden Rat; Anspielung auf die Versuchung Evas durch die Schlange in 1. Mose 3

**Ich wasche die Hände** … in Unschuld; Anspielung auf Mt 27, 24

# Leben und Werk im Überblick

### Marbach am Neckar, Lorch, Ludwigsburg, 1759–1773

Johann Christoph Friedrich Schiller kommt am 10. November **1759** als zweites Kind von Johann Caspar (1722–1796) und Elisabeth Dorothea Schiller (geb. Kodweiß, 1732–1802) in Marbach am Neckar zur Welt. Der Vater entstammt einer schwäbischen Handwerkerfamilie, hat als Militärarzt am österreichischen Erbfolgekrieg (1740–1748) teilgenommen und sich dann als Wundarzt in Marbach niedergelassen, wo er 1749 die Tochter des Löwenwirts heiratete. Nachdem sich der Schwiegervater durch riskante Geschäfte finanziell ruiniert hat, tritt Johann Caspar Schiller 1753 in die württembergische Armee ein und wird zunächst im nahen Ludwigsburg stationiert. **Zwischen 1760 und 1763** folgt die Mutter mit den beiden Kindern (Friedrich und der zwei Jahre älteren Christophine) ihrem Mann nach Würzburg, Urach, Cannstatt, Ludwigsburg und Stuttgart. **Ende 1763** wird der Vater nach Schwäbisch Gmünd versetzt. Die Familie wohnt im etwas entfernten Dorf Lorch, wo die Lebenshaltungskosten niedriger sind. Schiller verlebt hier in ländlicher Idylle friedliche Kinderjahre. Die Predigten des Dorfpfarrers Philipp Ulrich Moser – dem er später in den »Räubern« ein Denkmal setzen wird – wecken in ihm den Wunsch, ebenfalls Pfarrer zu werden.

Im Spätjahr **1766** zieht die gesamte Familie in die Residenzstadt Ludwigsburg. **1767** tritt Schiller in die dortige Lateinschule ein. Der öfters kränkelnde Junge ist ein sehr guter Schüler. Daher fordert der Herzog von Württemberg Carl Eugen (1728–1793) den Vater mehrfach auf, Friedrich in die erst 1770 ins Leben gerufene Militärakademie (später: Hohe Karlsschule) zu geben, in der die künftigen Eliten für Armee und Verwaltung des Landes herangezogen werden sollen. Bei der dritten Anfrage schließlich beugt sich der Vater dem Wunsch des Fürsten und sein dreizehnjähriger Sohn wird im Januar **1773** in die »militärische Pflanzschule« aufgenommen.

**Schloss Solitude, Stuttgart, 1773–1780**

Schiller ist acht Jahre Schüler der Militärakademie, die zunächst im zwischen Ludwigsburg und Stuttgart gelegenen Schloss Solitude und ab **1775** in Stuttgart untergebracht ist. Der Vater wird für seinen Gehorsam belohnt und 1775 zum Intendanten der Hofgärtnerei des Herzogs ernannt, welches Amt er bis zu seinem Tod zwanzig Jahre später innehat. Schiller soll zunächst zum Juristen ausgebildet werden, wechselt aber 1775 zur Medizin über. Der Kontrollanspruch des Herzogs gegenüber den Zöglingen seiner Schule ist umfassend. Sie werden angehalten, sich gegenseitig zu bespitzeln, und haben kaum noch Kontakt zu ihren Familien: Seine im Mai 1773 geborene Schwester Beata Friederike, die nur ein halbes Jahr lebt, lernt Schiller nie kennen. Als 1774 seine fünfjährige Schwester Maria Charlotte stirbt, darf er nicht an der Beerdigung teilnehmen. Seine 1777 geborene jüngste Schwester Nanette lernt er erst nach der Entlassung aus der Karlsschule kennen.

Schlaksig und offenbar etwas unreinlich, durchlebt Schiller in den Jahren auf der Militärakademie Pubertätskrisen, schließt aber auch zahlreiche Freundschaften – so auch mit dem ein Jahr älteren Johann Heinrich Dannecker, der später ein gefragter Bildhauer werden und mit seinen Schillerbüsten die wirkungsmächtigsten Porträts des Dichters schaffen wird – und erhält eine gründliche und für die damalige Zeit sehr fortschrittliche Ausbildung. Sein noch junger Lehrer Jakob Friedrich Abel (1751–1829) vermittelt ihm in Literatur und Philosophie wichtige Anregungen. Schiller liest Shakespeare und arbeitet ab **1777** an einem eigenen Drama, den »Räubern«. **1779** fertigt er in lateinischer Sprache eine medizinisch-philosophische Dissertation (Doktorarbeit) an, die abgelehnt wird. Er schreibt eine zweite Arbeit und enthält Ende **1780** sein Abschlusszeugnis. Zu seiner Enttäuschung – denn sein herausragendes Talent ist dem Herzog nicht verborgen geblieben – wird ihm anschließend die reizlose Stelle eines Regimentsmedikus in Stuttgart zugewiesen. Ebenfalls Ende 1780 legt er letzte Hand an »Die Räuber«.

Die Hohe Karlsschule in Stuttgart. Kolorierter Stahlstich nach einer Zeichnung von Schillers Jugendfreund Karl Philipp Conz (1762–1827).

**Stuttgart, Mannheim, Bauerbach, Mannheim, 1781–1785**

Auf die Jahre der persönlichen Unfreiheit an der Karlsschule reagiert Schiller zunächst mit einer betont unordentlichen Lebensweise. Seine Dienstpflichten erledigt er unwillig. Er bringt »Die Räuber« anonym im Selbstverlag heraus.

Am Mannheimer Theater wird man auf das Stück aufmerksam. Die Uraufführung des von Schiller auf Verlangen des Mannheimer Intendanten umgearbeiteten Stückes wird Anfang **1782** ein großer Erfolg. Schiller hat sich ohne Genehmigung aus Stuttgart entfernt, um der Premiere beizuwohnen. Im Frühjahr gibt er eine Sammlung von Gedichten heraus und arbeitet an einem neuen Stück (»Die Verschwörung des Fiesco zu Genua«). Als er im Juli erneut unerlaubt nach Mannheim reist, verhängt der erboste Herzog einen zweiwöchigen Arrest und verbietet Schiller, sich weiter schriftstellerisch zu betätigen. Mithilfe eines Freundes, des Musikers Andreas Streicher, flieht Schiller daraufhin Ende September aus Württemberg. Nach Aufenthalten in Mannheim, Frankfurt und Oggersheim folgt er der Einladung einer Gönnerin, Henriette von Wolzogen, und verbringt ab Ende des Jahres ein gutes halbes Jahr auf ihrem Landsitz im thüringischen Bauerbach. Dort arbeitet er weiter am »Fiesco« sowie an einem Gegenwartsstück, dem fürstenkritischen bürgerlichen Trauerspiel »Luise Millerin«, das letztlich den Titel »Kabale und Liebe« erhält. Zudem entstehen erste Pläne und Entwürfe zu den Geschichtsdramen »Don Karlos« und »Maria Stuart«. Nicht zuletzt aufgrund einer unglücklichen Liebe zur Tochter seiner Gönnerin, Charlotte von Wolzogen, kehrt er im Juli wieder nach Mannheim zurück. Dort erhält er am Theater einen Einjahresvertrag als Theaterdichter. Eine schwere Malariaerkrankung kuriert er selbst, mit einer Radikalkur, die zu einer chronischen Entzündung des Magens führt. Anfang **1784** kommen »Fiesco« und »Kabale und Liebe« in Mannheim auf die Bühne. Obwohl letzteres Stück wieder ein begeistertes Publikum findet, wird Schillers Kontrakt als Theaterdichter nicht verlängert.

### Leipzig und Dresden, 1785–1787

**1785** folgt Schiller der Einladung von vier jungen Verehrerinnen und Verehrern – dem Juristen Christian Gottfried Körner (1756–1831) sowie Ludwig Ferdinand Huber und den Schwestern Minna und Dora Stock – und verbringt als Gast Körners gut zwei weitgehend sorgenfreie Jahre (April 1785 bis Juli 1787) in Leipzig und Dresden. Er setzt seine 1784 in Mannheim begonnene Zeitschrift »Thalia« fort, beendet das Drama »Don Karlos« und verfasst erzählende Prosa (»Der Verbrecher aus verlorener Ehre«). Als Gelegenheitswerk entsteht im Sommer 1785 das – von Schiller nie sonderlich geschätzte – Gedicht »An die Freude«, das Ludwig van Beethoven später im Finalsatz seiner 1824 uraufgeführten Neunten Symphonie vertont hat.

### Weimar, Rudolstadt, Jena, Württemberg, 1787–1794

**1787** reist Schiller nach Weimar, der Residenzstadt eines kleinen, vergleichsweise unbedeutenden Herzogtums, die aber seit einiger Zeit zu einem kulturellen Zentrum Deutschlands aufgestiegen ist.

Detailaufnahme (von 2008) des 1839 eingeweihten Schiller-Denkmals des dänischen Bildhauers Bertel Thorvaldsen (1770–1844) auf dem Stuttgarter Schillerplatz.

Goethe ist hier seit einem Jahrzehnt Minister, befindet sich aber gerade in Rom, wo er sich seit dem Vorjahr eine lange Auszeit nimmt. Schiller, der dabei ist, den Sturm und Drang seines Jugendwerkes hinter sich zu lassen und – wie zeitgleich auf anderem Wege auch Goethe – eine an der Antike orientierte, klassizistische Ästhetik zu entwickeln, sucht den Kontakt zu den Weimarer Größen wie Christoph Martin Wieland (1733–1813) und Johann Gottfried Herder (1744–1803). Zu Goethe, der die pathetischen und impulsiven Jugendwerke des zehn Jahre Jüngeren eher ablehnt, ergibt sich nach dessen Rückkehr 1788 vorerst kein näherer Kontakt.

Im **Winter 1787/1788** macht Schiller in Rudolstadt die Bekanntschaft der Schwestern Caroline und Charlotte von Lengefeld. Von **Mai bis August 1788** quartiert er sich in der Nähe ein und hat täglichen Umgang mit den beiden. Schriftstellerisch steht das Jahr **1788** im Zeichen der Geschichte: Schiller betreibt historische Studien und schreibt an einer »Geschichte des Abfalls der vereinigten Niederlande von der Spanischen Regierung«, die im Herbst erscheint. Im Dezember wird er, auch auf Goethes Fürsprache hin, als Professor für Geschichte an die (nur 20 Kilometer von Weimar entfernte) Landesuniversität Jena berufen. **1789** tritt er die Professur an und verlobt sich mit Charlotte von Lengefeld. Er arbeitet an einer »Geschichte des Dreißigjährigen Krieges«, die zwischen 1790 und 1793 erscheint. Im Februar **1790** heiratet er Charlotte. Anfang **1791** erleidet er einen gesundheitlichen Zusammenbruch, von dem er sich nie wieder ganz erholt. Die Unterleibskrankheit zwingt ihn, seine Lehrtätigkeit ruhen zu lassen und schließlich ganz aufzugeben. Während der akuten Krankheit beginnt er, Immanuel Kants Werke zu studieren. Ab Dezember 1791 befreit ihn ein insgesamt fünfjähriges Stipendium des jungen Herzogs Friedrich Christian II. von Schleswig-Holstein-Augustenburg (1765–1814) zunächst von Geldsorgen. Auf der Grundlage seines Kantstudiums verfasst Schiller **ab 1793** eine Reihe ästhetischer Schriften (etwa »Über Anmut und Würde«, »Über die ästhetische Erziehung des Menschen« und »Über naive und sentimentalische Dichtung«), um seine künftige Dichtung theoretisch zu fundieren. **Von August 1793 bis Mai 1794** unternimmt er eine lange Reise ins Schwäbische und sieht auch seine Eltern und jüngeren Schwestern wieder. Im September 1793 bringt Charlotte in Ludwigsburg den Sohn Karl Friedrich Ludwig zur Welt. Schiller knüpft Beziehungen zu dem Tübinger Verleger Johann Friedrich Cotta (1764–1832) an, der in der Folge der wichtigste Verleger der Weimarer Klassik wird.

### Jena, 1794–1799

Zurück in Jena, lädt Schiller Goethe ein, sich mit Beiträgen an seiner neuen Zeitschrift »Die Horen«, die bei Cotta erscheinen soll, zu beteiligen. Goethe reagiert positiv, woraufhin Schiller ihn auch persönlich weiter umwirbt. Von nun an reißt der Kontakt nicht mehr ab und wird immer intensiver und vertrauensvoller. Goethe und Schiller diskutieren bieflich wie mündlich Fragen der Kunst und Dichtung und spornen sich gegenseitig zu großen Werken an. Vor allem Goethe benötigt solche Impulse, während Schiller ein disziplinierter Arbeiter und anders als der aus wohlhabenden Verhältnissen stammende, mit einem Ministergehalt versehene Freund auch auf den finanziellen Ertrag seiner Werke angewiesen ist. Die übrige literarische Welt wird im »Xenien«-Kampf der Jahre **1796/97** durch kleine Spottverse in ihre Schranken gewiesen (was nicht überall gut ankommt).

Ab **1796** – dem Geburtsjahr seines zweiten Sohns Ernst Friedrich Wilhelm – kehrt Schiller wieder zur Dichtung zurück. Er gibt bis 1800 jährlich einen »Musenalmanach« heraus, in dem beispielsweise 1797 die großen Balladen Goethes und Schillers erscheinen. Zudem arbeitet er am »Wallenstein«. Der Stoff erweist sich als so umfangreich, dass Schiller ihn auf drei Dramen verteilt: das prologartige Stück »Wallensteins Lager«, das fünfaktige Drama »Die Piccolomini« und das Trauerspiel »Wallensteins Tod« (uraufgeführt am Weimarer Hoftheater unter Goethes Leitung im Oktober 1798, Januar 1799 und April desselben Jahrs). Schiller schreibt nun jedes Jahr ein großes Drama. Im Sommer **1799** beginnt er mit der Arbeit an »Maria Stuart«. Im Dezember siedelt er, sechs Wochen nach der Geburt der ersten Tochter Karoline Henriette Luise, mit seiner Familie nach Weimar über.

Das 1901 im Golden Gate Park in San Francisco aufgestellte Goethe- und Schiller-Denkmal, eine Kopie des Weimarer Denkmals von Ernst Rietschel (1804–1861) aus dem Jahre 1857.

**Weimar, 1800–1805**

Im Juni **1800** wird in Weimar »Maria Stuart« uraufgeführt, im September **1801** in Leipzig »Die Jungfrau von Orleans«. Schiller besucht die dritte Vorstellung und wird frenetisch gefeiert. **1802** experimentiert Schiller in der »Braut von Messina« mit der Form der antiken Tragödie. Im April stirbt seine Mutter. Im November wird er geadelt. »Die Braut von Messina« wird im April **1803** in Weimar uraufgeführt. Das Stück erlangt jedoch nie die Popularität der anderen klassischen Dramen aus Schillers Spätwerk. Im März **1804** folgt die Uraufführung von »Wilhelm Tell«, wiederum in Weimar. Im Mai reist Schiller mit seiner hochschwangeren Frau und den beiden Söhnen nach Berlin, um die Chancen und Bedingungen für einen Wechsel in die Metropole auszuloten. Die Verhandlungen scheitern und Schiller bleibt in Weimar. Im Juli kommt die zweite Tochter Emilie Henriette Luise zur Welt. Schiller arbeitet am »Demetrius«, den er nicht mehr vollenden kann. Er stirbt am **9. Mai 1805** im Alter von 45 Jahren an den Folgen seiner chronischen Krankheit.

Die Obduktion ergibt eine weit fortgeschrittene Zerstörung lebenswichtiger innerer Organe. Der Leibarzt des Herzogs schreibt im Obduktionsbericht, bei diesen Umständen müsse »man sich wundern, wie der arme Mann so lange hat leben können«. Wie in Schillers Werk, so triumphiert auch in Schillers Leben der Geist lange über den Körper – bis eben die Kräfte nicht mehr reichen.

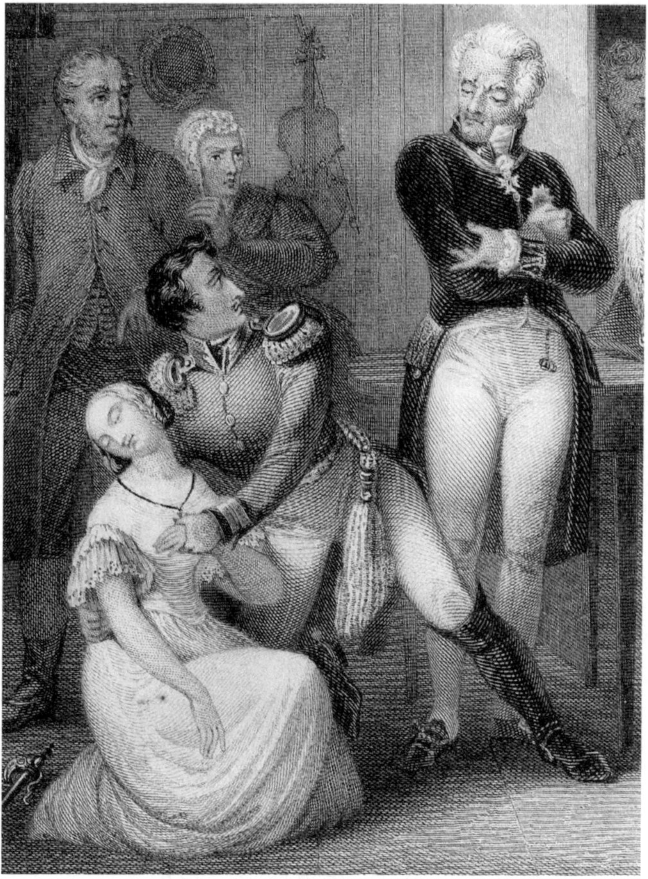

Frontispiz (ganzseitige Abbildung vorne im Buch, auf einer linken Seite neben dem Innentitel) von Peter Carl Geissler (1802–1872) zum Auftritt II, 6 von »Kabale und Liebe«.
In: Schillers sämmtliche Werke in zwölf Bänden. Zweiter Band. Stuttgart und Tübingen. Verlag der J. G. Cotta'schen Buchhandlung. 1837

Druck A 2 / Jahr 2024

Alle Drucke der Serie A sind im Unterricht parallel verwendbar.

Bildnachweis: S. 2: © Deutsches Literaturarchiv Marbach (DLA); S. 133: wikimedia.commons / Bernd Schwabe in Hannover; S. 134: wikimedia.commons / A. Wagner; S. 151: wikimedia.commons / Wuselig; S. 153: wikimedia.commons / File Upload Bot (Magnus Manske); S. 155: wikimedia.commons / Amonet; S. 157: Foto: Hans-Georg Schede

Redaktion, Satz, Erläuterungen und ›Leben und Werk im Überblick‹: Dr. Hans-Georg Schede, Freiburg

Layout: Yvonne Behnke, Berlin

Druck: Westermann Druck GmbH, Georg-Westermann-Allee 66, 38104 Braunschweig

ISBN 978-3-507-69971-7